AF226730

QUELQUES VÉRITÉS

SUR LA

SITUATION POLITIQUE

EN 1849

AVERTISSEMENT

Quoiqu'écrit en 1849, et à cause des évènements de cette épo-que, les circonstances de notre patrie en 1871 viennent donner à cette opuscule le cachet d'actualité qu'il semblait devoir perdre.

Peut-être cette publication rétrospective fera-t-elle ressortir que certaines vérités sont de tous les temps et de tous les lieux ; que l'humanité en générale reste toujours la même, que la France en particulier ne s'est pas corrigée, et que les leçons de l'histoire ne profitent à personne.

QUELQUES VÉRITÉS

SUR LA

SITUATION POLITIQUE

EN 1849

Par P. A. R. P.

BORDEAUX

CHEZ CODERC, DEGRÉTEAU ET POUJOL,

(Maison LAFARGUE)

RUE DU PAS-SAINT-GEORGES, 28

—

1871

AVANT-PROPOS

Je livre au peuple ces *Méditations* qu'il m'a inspirées.

Il ne m'appartient pas de donner un titre plus ambitieux à cet essai.

Si quelques appréciations justes s'y font remarquer, je dirai avec un poëte : « *Une force inconnue, immense dictait, moi j'écrivais.* »

Cette force, c'est la *vérité* ; elle est de tous les temps, et personne ne l'a inventée.

C'est la première fois que je m'occupe de philosophie politique ; à peine ai-je feuilleté les publicistes anciens et modernes ; mais l'instinct du juste et le sentiment du vrai sont innés au cœur de l'homme ; en les prenant pour guides il ne s'égare jamais.

Ce sentiment, cet instinct, on veut les fausser, les

égarer aujourd'hui ; on veut imposer aux populations une tyrannie sans exemple.

Je me suis levé avec tant d'autres.

Je me suis dit qu'il était d'un lâche de s'abstenir quand l'audace de nos adversaires redouble ; de lever le pied au moment du plus grand danger ; et que je serais peut-être responsable devant Dieu de ne pas faire entendre une voix sans éloquence ni autorité, mais qui puise ses convictions dans son cœur, et sa force dans ses bonnes intentions.

D'ailleurs, si le danger est grand, ne suis-je pas encouragé par tant de nobles exemples !

Dans un moment où la société est menacée et battue en brèche, ou de tous côtés l'erreur lui tend des piéges et veut l'envelopper d'un épais nuage, quel consolant et magnifique spectacle ne s'offre pas à nos regards !

De tous côtés, on poursuit le *triomphe de la vérité sur les fausses doctrines.*

Jamais explosion plus soudaine et plus unanime de sentiments généreux, de courage civique, d'amour de l'ordre et de la vraie liberté !

La tâche est rude et pénible ; mais les ouvriers sont nombreux, vaillants, et n'ont pas attendu la dernière heure.

Pour moi,

Dans cette croisade nouvelle ;

Dans cette lutte acharnée entre la civilisation et la barbarie ;

Dans ce grand procès où la France est traînée devant le tribunal d'une minorité audacieuse pour voir dire que tout ce qu'elle a cru et aimé depuis plusieurs siècles doit être remis en question, et qu'elle-même périra plutôt que ce principe, dans cette enquête, ouverte sur les intérêts de tous :

Quand l'incendie allumé par les nouvelles doctrines est attisé par le flambeau de la discorde qui veut nous désunir et nous entamer; quand le torrent qui tour à tour a emporté le crédit, la confiance, et la richesse de la nation, menace de renverser l'unique digue qui le retient encore, les antiques croyances, la foi en ses destinées, l'esprit public et le bon sens des masses,

Qu'il me soit permis, après tant d'autres, d'apporter mon nom dans l'enrôlement,

Mon témoignage dans ce procès,

Mon avis dans cette enquête,

Ma goutte d'eau dans l'incendie,

Ma pierre à la digue du torrent.

C'est un devoir de conscience.

Mais ce n'est pas assez de conjurer le mal et d'arrêter par un antidote les progrès du poison, il faut apporter un remède.

Je laisse cette tâche à de plus habiles.

La France l'attend de leur patriotisme.

Car on n'a rien fait, tant qu'il reste quelque chose à faire.

Il est des cas où il faut faire entendre au malade de pénibles vérités ; et si, bien souvent on doit user avec lui pour produire une crise salutaire, de ces remèdes héroïques qui peuvent le tuer, à plus forte raison quand le malade est notre chère France, et qu'il s'agit de faire prévaloir les principes d'éternelle vérité sur le poison de l'orgueil et du mensonge.

QUELQUES VÉRITÉS

SUR LA

SITUATION POLITIQUE

EN 1849

> Pour perfectionner la science moderne
> de la vie, ce n'est point aux livres nés
> d'hier qu'il faut exclusivement recourir.
> (P. Christian.)

PREMIÈRE PARTIE

Du suffrage universel

I. Le suffrage universel, c'est le peuple entier appelé à donner sa voix dans les questions vitales et politiques; et par une fiction, l'on suppose qu'un peuple entier ne peut se tromper sur ce qui touche à ses grands intérêts.

Pour porter ses fruits il doit être *complet* et *sincère*.

Complet; c'est-à-dire qu'aucun citoyen ne peut en conscience s'exempter d'y porter son vote, car la moyenne en serait altérée.

Sincère; c'est-à-dire qu'il doit être l'expression vraie de la volonté de la nation.

Il est indigne d'un gouvernement, ou d'une classe de citoyens, de violenter les consciences et d'influencer les votes par menaces ou promesses.

Ces violences retombent toujours sur leurs auteurs, en détruisant leur considération et leur autorité.

II. *Il serait dangereux d'abuser du suffrage universel ;* et il ne faut recourir à ce remède que dans les grandes crises politiques, et non dans les questions de détail.

Dans les *crises sociales* ce moyen serait infructueux ; il ne suffirait pas d'un concile de tous les peuples de l'univers pour régénérer la société.

Cette part est dévolue à Dieu.

III. C'est du sein de la famille que doivent sortir les réformes et refluer dans tout l'Etat.

Le suffrage universel est, dès aujourd'hui, une bonne chose ; elle deviendra meilleure et finira par être excellente.

Autrefois, il y a un demi-siècle, alors que toutes les passions longtemps comprimées, agissant et se faisant jour à la fois, eurent fait éclater la machine politique et nous placèrent tout à coup dans un monde nouveau et dans une position imprévue, c'eût été un expédient dangereux.

Aujourd'hui, ceux qui nous l'ont donné croyaient l'exploiter uniquement à leur profit, et se faisaient singulièrement allusion sur l'esprit de la France. Leur naïveté seule m'engagerait à les plaindre plus qu'à les blâmer.

IV. Nos ancêtres ont connu quelque chose d'analogue au suffrage universel. Il y a eu des assemblées nationales générales tenues en divers lieux, surtout sous Charlemagne ; le clergé Romain y usurpa une influence longtemps bienfaisante et heureuse pour la civilisation : on y conférait sur les intérêts de caste, de race, de religion.

Les comparer au suffrage universel tel que nous sommes appelés à le mettre en pratique serait une grande erreur. Ces peuples étaient à demi-sauvages, ou au moins barbares ; ils n'avaient pas encore de nationalité, et leur politique portait surtout l'empreinte d'un caractère religieux.

V. A ces conditions d'universalité et de sincérité, ce principe sauvera la France.

Quelle que soit la résolution prise, on est sûr qu'elle le sera de bonne foi ; car qui est assez fou pour chercher sciemment son mal ?

Le résultat du vote quel qu'il soit sera la loi de tous.

Sans doute, il y a là comme en toutes choses un apprentissage à faire. Le peuple doit se façonner aux mœurs publiques ;

Se persuader que chaque individu pèse dans la balance, et fait partie de la grande famille ;

Il doit secouer l'indifférence et l'apathie ;

Il faut qu'il compte moins sur les autres, et plus sur lui-même ;

Qu'il se dise que personne ne fera ses affaires pour lui, ni aussi bien que lui.

Alors, chaque fois, ses décisions seront empreintes de plus de sagesse.

VI. Qui peut nier que la grande majorité du peuple proprement dit ne soit ignorante et inexpérimentée ?

Elle n'a pour elle, que le germe du bien, le sentiment du vrai, et l'instinct de son propre intérêt.

Ce germe on tend à l'étouffer ;

Ce sentiment on l'égare ;

Cet instinct on le dénature ;

Ce germe étouffé ne porte pas de fruits.

Ce sentiment non développé en commun a pu s'émousser et se dépraver.

Cet instinct a pu tourner à l'égoïsme.

Que lui reste-t-il donc ?

Mais la flamme peut encore être rallumée.

VII. Le peuple proprement dit est dans l'Etat, ce que les enfants sont dans les familles ; les chefs ou grands parents, jusqu'à ce que ceux-là aient atteint l'âge de raison, compromettent, traitent, négocient, achètent, vendent et font tous actes de gestion, dans leur véritable intérêt; sans les consulter, inhabiles qu'ils seraient dans leurs jeunes ans à donner un avis profitable. Plus tard, les enfants sont initiés aux conseils de la famille avec voix délibérative; plus tard, émancipés; et enfin ils reçoivent, à leur majorité, tous les pouvoirs et toute la responsabilité qui jusque-là avait pesé sur leurs pères.

VIII. Ces différentes phases de la vie sont marquées dans le peuple par les nullités, par les différents degrés d'aptitude, de talent et dévouement; par les services rendus, l'autorité et la considération personnelle.

Son éducation politique n'est qu'ébauchée.

Si le peuple proprement dit ne se compose que de *zéros* et de quelques *unités*, la moyenne sera moindre que l'unité, et la majorité, l'unanimité même quoique liant les autres, ne vaudront réellement que ce qu'elles représentent.

Sans doute la majorité se composera toujours de fait du plus grand nombre numériquement parlant; mais si la valeur intrinsèque des termes augmente et se joint à cette valeur numérique, si l'on pèse au lieu de compter, la moyenne montera.

Alors les résolutions ne seront-elles pas profondément modifiées dans un sens plus favorable à tous et plus rapproché de la vérité? qui osera dire le contraire!

IX. Les enfants grandiront, c'est-à-dire, le peuple s'instruira de la vraie science; la moyenne augmentera de valeur, et avec ce bon sens déjà si remarquable, cette raison, cette modération dont elle a déjà donné des preuves, la France, par la connaissance de ses vrais intérêts, se donnera des gages mérités de bonheur.

X. Oui, je le répète, le suffrage universel a déjà retenu la France au bord de l'abîme, dans un moment de crise où l'anarchie des idées l'emportait, s'il est possible, sur l'anarchie des pouvoirs, et où les questions sociales engloutissaient les questions politiques ; le suffrage universel la sauvera toujours quand il sera complètement et sincèrement exercé et quand il sera devenu une vérité.

Du peuple.

XI. Le peuple, proprement dit, n'est ni si bon ni si mauvais qu'on le publie généralement.

Il a de bons instincts, mais il cède facilement et reçoit les impressions qu'on lui communique.

Il agit comme les enfants, sans réflexion, ni discernement, ni passion, mais sous l'inspiration du moment ; et l'on ne dit pas d'un enfant qu'il est cruel parce qu'il trouve son plaisir à plumer un oiseau vif, ni qu'il est bon parce que l'instant d'après il pleure ce même oiseau, ou parce qu'après avoir égratigné sa mère il l'accable de caresses.

De même, le peuple n'est ni très-bon parce qu'il élève des statues et décerne le triomphe à ceux qui prétendent l'avoir sauvé ; ou parce qu'il pleure ses plus belles larmes aux audiences de la *correctionnelle*, ou aux mélodrames de l'ambigu ; ni très-méchant parce qu'il encombre la place des exécutions, ou parce qu'il jette dans la Seine ceux qu'il adorait la veille, et ceux qu'on lui dit l'avoir empoisonné, ou lui avoir porté le choléra.

XII. Le peuple est ce qu'on le fait.

Il va, vient, s'agite, aime ou déteste, pleure ou rit suivant l'impression de ceux qui le font agir.

Il faut donc l'*aimer* ; le *plaindre* ; l'*instruire* ;

Et nous le rendrons *bon, heureux, éclairé*.

Il faut l'*aimer* parce qu'il se compose de nos frères ;

Il faut le *plaindre* parce que souvent dans ses excès il sert sans s'en douter les projets de l'ambition et de la tyrannie, cachés sous le nom de bien public, liberté, dévouement, et patriotisme.

Il faut l'instruire parce qu'il connaîtra ses véritables intérêts et ne concevra pas d'ombrage contre ceux qu'il envie à tort.

XIII. Mais ne le flattons pas, et disons-lui toutes ses vérités ; n'en faisons pas un peuple de héros quand il ne fait que son devoir.

Ne pas piller ses concitoyens un jour d'émeute, rapporter aux églises les objets du culte exposés aux profanations, ne sont que choses fort naturelles pour quiconque aspire à se gouverner soi-même à sa guise, ou à se donner un gouvernement de son choix.

Ceux qui flattent le peuple, sont ses mortels ennemis.

Celui qui leur dit : *Beau peuple, grand peuple, peuple magnanime*, met bientôt un prix à ses flagorneries et veut l'asservir.

C'est le serpent tentant le premier homme et lui promettant qu'il deviendra semblable à Dieu s'il touche à l'arbre de la science du bien et du mal.

Il lui souffle l'orgueil pour le perdre.

Donnez-lui la véritable instruction et ne l'égarez plus.

XIV. Traitez le peuple plus sérieusement ; il est las de son rôle ; autrement, l'instrument se révoltera contre celui qui le manie ; le vase où l'on fait les expériences éclatera entre les mains du chimiste de malheur.

Revenu à lui-même, il saura reconnaître ses amis et maudire avec l'instinct et la colère de Dieu, dont à son issu il se fera l'instrument, ceux qui l'ont abusé, séduit, corrompu et précipité.

Ce n'est pas tout : il faut lui donner bon exemple ; l'autorité de l'exemple est irrésistible.

De même que chaque chef de famille doit le bon exemple

à ses enfants, tous ceux que leurs talents, leur position sociale, leur fortune placent au-dessus du plus grand nombre lui doivent aussi l'exemple des vertus publiques et privées, et deviennent ainsi pour lui un objet d'utilité, de vénération et d'estime :

Les premiers en lui prêchant l'amour de Dieu et du prochain, la concorde, le désintéressement; les seconds en lui distribuant une partie de leurs lumières, chacun dans la sphère de ses connaissances et de sa spécialité, et en faisant fructifier en lui les notions intimes du bon et du beau, c'est à dire du vrai ;

Les riches en lui donnant le nécessaire aux dépends de leur superflu.

XV. On doit respecter le peuple et ne jamais le scandaliser;

Le corrompre d'avance au berceau, en perdant ses enfants, en abusant de leur bonne foi, en leur innoculant de funestes maximes,

Altérer chez eux les sources de la vie.

C'est un sacrilége, une idée infernale.

Vouloir greffer par force sur ces jeunes plantes des plantes vénéneuses, c'est leur faire porter des fruits empoisonnés,

C'est appeler sur soi la malédiction de Dieu.

De la liberté

XVI. La liberté dans toute l'acception du mot, c'est sans doute pour l'homme à l'état sauvage, la faculté de faire ce qu'il lui plaît.

Cependant en sortant de la main de Dieu, une restriction fut apportée à ce droit, et plus tard après sa chute, il fut aussi condamné à *travailler* et à *souffrir*.

Destinée que nous devons subir !

Dans le sens psychologique, c'est le *libre arbitre*, une des facultés qui nous distinguent de la brute, laquelle est dominée par ses instincts et obéit passivement à l'homme ; c'est la liberté de *penser* et de *vouloir* ; de *choisir* et de se *déterminer*.

XVI. Dans le sens politique, depuis que les hommes pour se protéger et se défendre mutuellement se sont réunis en sociétés, la liberté doit être :

La faculté de faire tout ce qui n'est pas contraire aux lois.

Ainsi, en vertu de la liberté, nous pouvons aller, venir, résider où bon nous semble, posséder, acheter, vendre, discuter nos intérêts privés et publics, élever nos enfants à notre guise et adorer Dieu suivant notre conscience.

Mais la liberté pour être bonne doit être pour tous ; et si elle est exploitée par la minorité aux dépens de la majorité de la nation, elle devient une odieuse tyrannie.

Ainsi, c'est au nom de la liberté bien entendue que nous voulons vivre en paix ; que nous entendons garder nos propriétés, nos familles, notre religion ; demander et obtenir justice ; être préservés des attaques du dedans et du dehors ; enfin jouir en repos du fruit de nos travaux, sans être exposés à voir du jour au lendemain notre bien-être emporté, et tout ce que nous avons acquis dans l'ordre moral ou dans l'ordre matériel remis en question.

XVII. Mais du moment que, au nom de la liberté, une minorité fait des actes attentatoires à la morale ou à la foi *publique, politique* ou *religieuse ;* propage des maximes subversives de l'ordre social, et veut les imposer aux majorités satisfaites de l'état de choses que l'expérience a fait reconnaître comme le moins défectueux ;

Du moment que les actes privés des citoyens sont calomniés dans des feuilles publiques, que la morale et la foi publique sont en butte aux coups de la presse, et qu'il y a des réunions où *quelques* forcenés s'arrogent le droit et la *liberté* de professer l'art de renverser ce que *tous* ont élevé, et de profaner ce qui est consacré par la volonté de *tous*, où l'on sème la discorde, où l'on signale à la vengeance les uns des autres, les citoyens d'une opinion différente, où la société est minée jusque dans sa base ;

Qu'est-ce qui arrive ?

Ce n'est plus la *liberté*, c'est la *tyrannie*, la *tyrannie* de pire espèce celle des factions et des minorités.

XVIII. C'est à cette *tyrannie* que mène l'abus de la liberté, la *licence*.

Les extrêmes se toucheront toujours.

Dans l'ordre moral, la pire de ces *tyrannies* ou de ces *licences* serait de violenter les consciences et d'imposer un culte que réprouve la nation ;

Dans l'ordre politique, d'imposer des opinions, ou de renverser un gouvernement établi *ayant l'assentiment général.*

Dans ce cas, les citoyens sont insultés dans les rues, sur es places publiques ;

Ils sont exposés à verser leur sang dans des tumultueuses commotions qu'ils combattent, et dont ils ne retirent aucun fruit.

XIX. S'ils remplissent leur devoir de citoyens, leurs intentions sont dénaturées et calomniées dans des écrits incendiaires ;

Enfin, ils sont menacés dans leur fortune et leur bien-être laborieusement acquis.

Et cela serait la liberté ! !

La liberté est pour tous et pour chacun, parce qu'elle est pour le plus grand nombre.

En revanche des droits qu'elle confère, la *liberté* bien entendue impose certaines obligations.

Ainsi c'est au nom de la *liberté* et pour en jouir que nous contribuons dans la proportion de notre fortune aux charges de l'état, et que nous payons l'impôt; même le plus sacré, celui du sang.

Car les impôts sont nécessaires pour faire fonctionner la machine administrative qui garantit notre sécurité, et à payer l'armée qui protège l'état contre les attaques du dehors et défend notre nationalité.

XX. C'est donc le salut du plus grand nombre qui en fait une loi impérieuse.

Certains intérêts sont sans doute froissés par la loi des majorités; mais c'est la loi de Dieu; et cet inconvénient ne peut être comparé à ce qui adviendrait, si, parce que nous nous disons libres, nous voulions nous ravir mutuellement nos biens, notre liberté, nos vies, notre opinion politique, notre foi religieuse, notre repos et abandonner le pays sans défense aux malheurs d'une guerre étrangère.

De sorte que prendre la liberté dans toute la rigueur grammaticale du mot, ce serait arriver infailliblement à la désorganisation civile morale, sociale et religieuse, et rentrer indubitablement dans la barbarie ou le chaos.

XXI. Quelques-unes des entraves mises à certaines de nos libertés ne sont que temporaires.

D'autres seront toujours incompatibles avec l'ordre public.

Si nous étions illimités dans notre intelligence, dans notre patriotisme et dans nos vertus civiques, ce qui est inadmissible, il n'en résulterait pas encore que nous pourrions jouir de la liberté, telle que la rêvent certains utopistes.

Notre conscience elle-même y mettrait des bornes.

Notre orgueil, cet orgueil qui, de certains génies, fait des apostats, nous montre combien de temps encore il faudra mettre de sages entraves à l'exercice de ce prétendu droit de pouvoir tout faire impunément.

XXII. Cependant la sagesse des peuples fait tous les jours des progrès sensibles. Elle fixe elle-même dans la pratique la réserve que la prudence et le salut commun commandent dans l'exercice de ces droits naturels et imprescriptibles .

Le jour où nous serons assez sages pour ne pas en abuser et où la majorité n'aura pas à en souffrir, ce jour-là Dieu permettra qu'ils nous soient acquis, et ce sera notre plus belle conquête. Jusque-là, soumettons-nous à un mal nécessaire, et n'allons pas par trop de précipitation proclamer que nous n'en serons jamais dignes.

XXIII. Chez les individus tous les tempéraments ne sont pas les mêmes et exigent différents régimes.

De même tel peuple plus *faible* que nous sous certains rapports, est à d'autres égards plus susceptible de traitements forts et énergiques.

Nous sommes trop chauds, trop passionnés, trop ardents, il nous faut des calmants.

D'autres sont plus froids et demandent des excitants qui causeraient des désordres dans notre économie.

De même tel peuple peut impunément se jouer avec le poison d'une presse sans entrave ni frein, et des réunions politiques ; et tel autre y succomberait infailliblement.

XXIV. Cela n'implique pas nécessairement que le premier est plus sage, plus avancé, plus illustre que le second ; ce n'est qu'une question de tempérament.

Soumettons-nous donc aux exigences de notre organisation et de notre nature.

J'insiste sur ces points parce que ce sont aujourd'hui les grands griefs des révolutionnaires de tous les pays.

C'est du feu qu'ils demandent, les malheureux ! !

Et le demandent-ils de bonne foi !

XXV. Est-ce un grief sérieux? est-ce une réparation né-cessaire envers la société? Y est-elle engagée sous peine de périr?

Plut à Dieu qu'ils fussent de bonne foi ! Mais l'expérience nous apprend que si, cette liberté, ils l'avaient pour eux aujourd'hui, ils la proscriraient demain chez les autres; l'expérience nous dit qu'après toutes les concessions accor-dées par la persuasion ou arrachées par la violence, ils ont jeté ce défi à la société actuelle; et en demandant une *chose impossible*, ils ont voulu déclarer qu'ils entendaient rester éternellement en guerre avec elle.

D'ailleurs, il y a des présents que Dieu ne fait que dans sa colère.

De l'égalité.

XXVI. Nous sommes tous égaux.

Cette maxime n'est pas toujours comprise par les hommes dans le sens de l'Evangile, et jamais, malgré le grand amour pour les maximes divines dont on fait parade aujourd'hui, les faits n'ont été si peu d'accord avec les paroles.

On a donc exhumé ce principe qui devait être dans les cœurs, et on l'a écrit dans la loi :

Les hommes sont égaux.

Rien de mieux; et bien compris, ce principe est le plus consolant de l'humanité; compris comme il est par quel-ques gens, c'est un titre, un marche-pied, un moyen, un ins-trument.

XXVII. Tous les hommes sont égaux. — Oui, — *devant Dieu et devant la loi.*

Devant Dieu. — Tous les hommes trouveront grâce devant lui suivant leurs mérites, et il ne fait acception de personne.

Devant la loi. — Tous les hommes ont droit à être pesés dans la même balance; à payer l'impôt suivant une *égale* répartition ; ils *doivent également supporter* toutes les charges de la société; ils peuvent *également* aspirer à tous les emplois de l'état, ils reçoivent enfin pour leur culte une *égale* protection.

Voilà la vraie et la seule égalité.

XXVIII. Cependant il y aura toujours des hommes de génie, de mérite et de talent; et des hommes incapables, ignorants et paresseux.

Des premiers on fera des jurisconsultes, des académiciens, des administrateurs, des poëtes ou des grands généraux.

Les autres resteront toujours la foule, *plebs, vulgus, grex.*

Comment définir le sentiment qui parle en nous, malgré nous, à la vue de ces premiers en lisant leurs codes, leurs traités, leurs poèmes, leurs batailles?

Résisterons-nous à cet ascendant en voyant les nations civilisées par leurs sages mesures, les mœurs adoucies par leurs accords, et leurs exploits gravés sur le marbre et l'airain?

Ne sera-ce pas une supériorité?

Méconnaîtrons-nous cette gloire qui les enveloppe comme d'une auréole?

XXIX. Et ces hommes seraient nos égaux dans le sens que l'entendent quelques-uns.

Ils seront nos égaux *devant Dieu et devant la loi*; voilà tout.

La loi les atteindra comme nous, ces hommes d'état, s'ils sont corrompus, traîtres ou dilapidateurs ; ces poëtes, ces gloires de notre littérature, s'ils manquent à leurs devoirs de citoyens ou si leurs écrits sont dangereux; ces généraux d'armée, pour un moment de tergiversation ou d'erreur, se verront dégradés et flétris!

XXX. *Devant Dieu :*

Leur cadavre ne pèsera pas plus que le nôtre ; il leur sera rendu suivant leurs œuvres ; et tel qni aura étonné la terre et l'aura remplie du bruit de son nom, sera peut-être mis de côté et cédera sa place à quelque vertu bien obscure.

Enfin, dans le monde, il y aura toujours des gens vertueux et des fripons ; des riches et des pauvres.

La foule voudra toujours ressembler aux vertueux et jamais aux fripons ; elle voudra égaler les riches, mais n'aura que faire d'imiter le pauvre.

XXXI. Il y a une certaine *position sociale* résultat de la *position officielle*, de la *considération publique*, du *mérite* ; même avouons-le, de la *naissance* et de la fortune, qui, *de fait*, établit des lignes de démarcation entre les divers citoyens d'un Etat.

Vous ne pensez pas, vous-mêmes, que les juges et leurs clients fassent vie commune ;

Que le général, même rentré dans la vie privée, soit familier avec le soldat ; vous trouverez tout simple que ce dernier qui lui a obéi quarante ans sur le champ de bataille, — quoiqu'il ne soit que de chair et d'os comme lui, — respecte et vénère en lui ce reste d'autorité, ce privilége, cette habitude, ces *traces* du commandement, cette valeur éprouvée, ces services rendus au pays ; s'il l'oubliait, ces croix qui brillent sur sa poitrine ne le lui rappelleraient-elles pas ? N'est-ce pas là une distinction, une supériorité ?

XXXII. Osez donc vous en parer tous indistinctement !

Nos œuvres, notre mérite, nos services sont des motifs d'émulation pour les autres, et nous distinguent effectivement.

Quant à la fortune — la pire des *aristocraties* — elle forme aussi, à tort ou à raison , les catégories les plus tranchées.

Le pauvre aura toujours besoin du riche.

Le riche se traitera toujours comme tel , parce qu'il en aura le droit, et le pauvre quoi qu'ayant le droit d'habiter des palais et de se traiter somptueusement, habitera une cabane, et mangera du pain noir.

Le riche fera travailler le pauvre ; il ne travaillera pas lui-même ; il traitera avec les travailleurs pour un prix convenu et il ne sera tenu envers eux qu'à être affable et poli, et à solder leurs comptes qu'ils lui présenteront ; et jamais il ne sera nécessaire qu'un cabaret soit le lieu, où, comme dans nos marchés, ils scellent avec la bouteille leurs accords et leurs conventions.

XXXIII. Voilà tout ce qu'il y a de vrai jusqu'ici dans l'*E-galité*.

Il est vraisemblable, je ne dis pas impossible, qu'il n'en sera jamais autrement.

Cependant, au plus favorable, quand nous serions tous *égaux par en haut*, quand toutes les *vestes* portant des basques deviendraient des *habits* ;

Quand tous les hommes infatués de quelques connaissances ou de quelques richesses ne voudraient plus servir ni travailler;

Nous n'en serions pas jaloux. — Mais,

Qu'arriverait-il?

L'inégalité de fait, conséquence des positions et des fortunes, personne ne peut la détruire. Seulement on peut et on doit la rendre facile à supporter, et s'efforcer d'adoucir par la politesse, la bienveillance, la générosité cette différence de niveau si choquante pour quelques esprits.

XXXIV. La force physique a établi la première *inégalité* chez les premiers hommes.

Le plus fort, le plus laborieux, est devenu le plus riche pasteur, le chef de tribu, le roi.

Rien n'est *égal* dans la nature.

Physiquement : pas une figure, pas une feuille, pas un grain de sable.

Moralement : pas une aptitude, pas une humeur, pas un caractère.

Et tandis que la *liberté* a commencé chez l'homme avec le monde, l'*égalité* est le fruit de la *religion* et de la *civilisation*.

XXXV. La première est donc fille de la nature, mais on a dû la restreindre et en modérer les excès.

La deuxième au contraire, opposée à la nature, nous est venue par la loi de Dieu et par une suite de fictions et de conventions entre les hommes réunis en société ; et ce n'est qu'à force de raison et de bon vouloir que nous sommes devenus à peu près égaux.

L'*égalité* à laquelle nous pouvons tous prétendre existe donc pour tous les hommes de bonne foi,

L'*égalité* absolue est absurde et n'existe que dans les cerveaux malades.

De la fraternité

XXXVI. Oh ! sur ce point, il n'y a ni composition ni transaction ; il n'y a ni fiction ni restriction.

Ce mot dit tout.

Nous sommes tous frères ; cela est certain, avec le précepte de l'amour de Dieu, celui de nous aimer les uns les autres, compose toute la loi.

Qu'on le tourne et retourne en tous sens,

Qu'on en exprime tous les sophismes que chaque texte est susceptible de renfermer,

Jamais de cette plante on ne pourra tirer un suc vénéneux.

C'est la *suprême loi*, l'ancre du salut.

— Est-ce clair ? —

XXXVI. Aux yeux de Dieu la charité est une vertu qui efface toutes les fautes;

Humainement parlant, c'est dans l'amour de nos frères, c'est dans l'union et la concorde, que nous trouverons la force, la paix, l'abondance et la consolation.

C'est de la *fraternité* que naîtront :

Le véritable *socialisme*,

Le véritable *communisme*,

Le véritable *Droit au travail*, dont il a été dit avec raison qu'il était inutile de l'inscrire dans nos codes, mais qu'il devait être écrit dans nos cœurs.

XXXVII. Avec la *fraternité* de l'Évangile, la *liberté* et l'*égalité* sont facilement comprises et pratiquées.

Tout est là.

Ces trois principes sont solidaires. Donc :

Soyons tous libres , *si nous le méritons,*

Soyons tous égaux , *si nous le pouvons.*

Soyons tous frères : *nous le devons.*

Du gouvernement

XXXVIII. A toute nation il faut un gouvernement.

A toute famille ou corporation, il faut un chef.

Dans la famille le chef est imposé par Dieu, et désigné par la nature.

Chez les peuples, le gouvernement est une délégation de tous, en faveur d'un ou de plusieurs membres de la société, pour exercer le pouvoir qui est la faculté *de faire le bien* et *d'empêcher le mal.*

XXXIX. Le pouvoir émane de Dieu.

On peut dire aussi que le gouvernement est *une force établie par la volonté publique pour l'utilité générale.*

Le contrat entre un peuple et son gouvernement s'appelle une *constitution.*

Les *constitutions* sont *des formes consenties par la nation dans son intérêt propre.*

Dans toutes les formes de gouvernement, le pouvoir doit être fort et respecté.

Il sera fort s'il est *un,* s'il a pour lui l'adhésion de la multitude ; il sera respecté s'il a pour lui le prestige et l'autorité que donnent le bon exemple, le savoir, le dévouement ; s'il est équitable, incorruptible, économe des deniers publics, sévère pour les méchants et les pertubateurs de l'ordre, et juste appréciateur de la vertu et du mérite ; si, au dehors il sait défendre l'honneur national menacé ou attaqué et continuer nos glorieuses traditions.

XXXX. En fait de gouvernement, le meilleur est celui qui a fait ses preuves.

Nul pouvoir n'est légitime s'il n'est exercé par le gouvernement.

Le gouvernement doit avoir la confiance des populations et ne jamais les abuser.

Les minorités doivent se soumettre.

Il ne faut pas admettre légèrement qu'un gouvernement, parce qu'il fait des fautes, mente sciemment et de gaîté de cœur à ses engagements ; et même, que celui qui aspire au pouvoir ne veuille tenir de bonne foi les promesses faites au peuple.

XXXXI. Quelquefois, de ce poste élevé, la tête nous tourne ; les vapeurs de l'ambition , l'encens de la flatterie nous enivrent , et nous sommes éblouis par ces marques de respect qui s'attachent aux hautes positions, et que nous attribuons à celui que l'on a pour nos personnes.

Les gouvernements ne sont pas parfaits.

Ils ont, dit Montaigne, *presque toutes les passions de l'homme, avec tous les moyens de les satisfaire.*

S'ils font des fautes, soyons plus indulgents et faisons-leur des remontrances.

Songeons à leurs fatigues, à leurs soucis, à leurs ennuis; prenons en considération l'isolement où les tient leur position.

Le peu de concours qu'on leur prête,

Le bien qu'ils font encore,

Et pour quelques fautes, n'oublions pas les services rendus sous peine d'être ingrats.

Ne changeons pas précipitamment, sous peine d'avoir pire.

XXXXII. La forme du gouvernement appartient à la nation.

Il sera légitime s'il est le vœu de la nation entière appelée à déclarer sa volonté.

Je n'entre pas ici à discuter quelle est la meilleure forme de gouvernement. Je dirai sommairement que celle-là est la meilleure qui s'adapte le mieux au génie, aux mœurs, aux usages et aux anciennes traditions d'un peuple.

Je ne déciderai pas si la monarchie est une forme préférable à la république, chez nous où ailleurs; si elle offre plus de garantie de force et de durée.

Cela m'entraînerait trop loin, et d'ailleurs les vérités élémentaires que j'expose sont indépendantes de toute forme de gouvernement et peuvent s'appliquer à toutes.

Une chose bien certaine c'est que, comme toutes les choses humaines, la forme du gouvernement quelle qu'elle soit, sera toujours défectueuse.

XXXXIII. La nation entière est compétente pour juger des réformes à faire, des progrès à effectuer; mais, peut-être avant la nation (en vertu de ses aptitudes spéciales, pour connaître l'opportunité, la forme et l'étendue de ces mesures) c'est le gouvernement lui-même.

Aussi est-ce lui que j'aime à voir à la tête des sages réformes, et donner ainsi un nouveau gage de la confiance et de la sympathie des populations. C'est là son plus bel apanage, et si le pouvoir pouvait être ambitionné c'est à cause du bien qu'il peut faire.

Car d'un autre côté que de sources d'amertume !

XXXXIV. Les obligations du pouvoir sont immenses.

L'une des plus impérieuses est de pourvoir à la sûreté générale.

Armé de moyens de *répression* contre les délits et les crimes, il doit faire respecter la fortune et la vie des citoyens, et ce pouvoir même dont le gouvernement est investi, pouvoir qui ne lui appartient pas, mais que la nation a déposé comme un gage entre ses mains, il ne peut l'abandonner sans combats, et il doit en remettre le dépôt intact au successeur que la nation lui aura nommé.

La responsabilité de ses actes, l'oblige à prendre des mesures quelquefois *sévères*, quelquefois *arbitraires* que le salut *du plus grand nombre* en péril péut seul légitimer ; et personne mieux que lui n'est juge de l'opportunité de ces mesures.

XXXXV. Il doit alors, comme nous l'avons dit, comprimer une partie de la liberté de quelques-uns pour la liberté du plus grand nombre, et de deux maux choisir le moindre.

Crime affreux, grief digne de mille morts, pour quelques mécontents, mais dont la conscience publique l'absoudra s'il est vraiment guidé par l'amour de son pays.

Tous les jours pour guérir une plaie on y porte le feu, et pour sauver le corps on sacrifie un membre.

Dans sa politique intérieure et extérieure ses meilleures intentions seront dénaturées et calomniées. S'il obtient la paix au dedans on l'accuse de tyrannie ; s'il l'a maintient au dehors, de faiblesse ou de lâcheté.

XXXXVI. Avec des moyens humains, c'est-à-dire bornés, on ne peut rien faire de parfait, et ceux qui rêvent et promettent la perfection, nous prouvent par cela seul que ce n'est pas à eux qu'il est réservé de nous la donner.

L'art du gouvernement est si difficile !

Nous qui sommes intraitables et ingouvernables nous serions si sévères pour les gouvernants et si indulgents pour nous !

Quelle injustice et quel orgueil !

Quelqu'amer que soit le pouvoir en réalité, quelques efforts que fassent les hommes inquiets et turbulents pour s'y soustraire, il faudra toujours une autorité, une règle, un gouvernement.

XXXXVII. C'est une vérité éternelle sans laquelle nous rentrerions dans le chaos.

Personne n'en doute de bonne foi.

Seulement, la malice des hommes est telle, qu'il faut un grand dévouement pour les gouverner.

Le pouvoir est donc à craindre plus qu'à envier. Et l'on vendrait son âme pour porter ses lèvres à cette coupe ; et l'on fait des bassesses, des crimes pour se charger d'un pareil fardeau ! et l'on quitte la vie privée pour se charger d'une telle responsabilité !

Mais quels que soient ses inconvénients et ses dangers, il faudra toujours un pouvoir aux hommes.

A toute assemblée, il faut un chef, à tout troupeau un pasteur ; à toute sphère, un centre.

Des révolutions

XXXXVIII. Dans le sens rigoureux du mot, la révolution est le tour complet d'un objet sur lui-même.

Ici, nous la définissons un *changement politique*.

Il y a des révolutions politiques ; il y en a de sociales.

Les changements peuvent se produire de deux manières : graduellement ou par la violence.

Il y en a d'injustes ; il y en a de légitimes.

XXXXIX. Les révolutions sont injustes quand elles ne sont que le triomphe d'une minorité factieuse.

Les minorités sont toujours audacieuses et violentes ; la violence est, avant tout, le symptôme qui annonce que la nation entière n'a pas été consultée. Quelquefois elles agissent par surprise, et alors les révolutions sont *escamotées*, et à notre réveil nous sommes fort étonnés de nous trouver la tête en bas et les pieds en haut.

L. Les changements sont justes quand ils se produisent graduellement et avec l'assentiment général ; c'est-à-dire quand ils sont réclamés par la force des choses, les perfectionnements des méthodes, les usages introduits, les mœurs publiques.

Ce sont les plus solides et les plus légitimes.

C'est le fleuve qui fertilise, au lieu du torrent qui dévaste et balaie les terres végétales.

Les causes ou motifs réels des révolutions, c'est l'esprit d'orgueil et de révolte,

C'est l'ambition,

C'est l'esprit de changement.

LI. Les causes apparentes ce sont, ou les fautes du pouvoir exagérées pour enflammer la multitude et la porter aux excès, ou de dangereuses utopies.

L'objet *apparent* c'est toujours le *bien public*.

Le but *apparent* c'est de rendre tous les hommes heureux.

L'objet réel et caché, ce sont les honneurs, les richesses, l'ambition.

Les révolutions sont faites au *nom du peuple* qui n'est jamais consulté.

Elles profitent aux minorités factieuses ; que dis-je, elles ne leur profitent même pas,

LII. Leurs fauteurs, leurs artisans, ce sont :

Les anarchistes, les pertubateurs qui ne veulent aucun frein, qui invoquent à grands cris la licence et tous les excès : qui font le mal par instinct, pour le mal dont ils sont la personnification, l'incarnation ; êtres hideux, incomplets, difformes, qui ont pris, à cause de leur difformité même, la nature en horreur : bêtes venimeuses bonnes à écraser.

Ce sont :

Les novateurs ou rêveurs de bonne foi, les apôtres des idées nouvelles.

Ils se figurent être les interprètes des désirs et de la volonté de tous, et se croient en conscience appelés à régénérer la société ou à sauver l'Etat.

LIII. Ils veulent savoir mieux que nous ce qu'il nous faut, et montrent à notre égard une sollicitude plus que maternelle ; ils coupent, tranchent, démolissent pour notre bien suprême, et au nom de l'humanité tout entière ; et comme ils ignorent les premiers rudiments de l'art de gouverner les hommes, après avoir plongé la patrie dans un déluge de maux, ils sont eux-mêmes victimes de leurs consciencieuses erreurs.

Ce sont encore :

Les mécontents sérieux qui demandent des réformes partielles ou radicales, même au prix d'une révolution ;

Les mécontents de mauvaise foi ; ceux qui espèrent aboutir au moyen des troubles ; ceux qui se vantent d'avoir toujours conspiré ;

Ces hommes inquiets pour qui l'opposition est un besoin incessant, une véritable maladie, et qui voient toujours de mauvais œil tout ce qui est fait par le pouvoir ;

Ceux qui loin de cacher les plaies de la patrie et de jeter le manteau sur ses infirmités secrètes, les divulguent à haute voix partout ; qui, loin d'imiter les autres nations qui sacrifient tout à l'esprit public, à l'amour-propre national, publient partout que la France est lâche et corrompue et font parade de nos dissentions et de nos discordes.

Loin de paraître unis et forts, ils donnent partout le spectacle de notre faiblesse et de notre folie ; enfants dénaturés que la patrie renie et qui veulent la sacrifier à leur entêtement et à leurs caprices.

LIV. Enfin les faiseurs de révolution, peuvent se diviser en deux grandes classes :

Les chefs de parti, les ambitieux, les trompeurs ;

Et

Les instruments, les dupes, les trompés, expressions presque synonymes.

Les premiers sont ceux qui bouleversent et troublent l'Etat ; et puis, à la faveur de l'épouvante et de la consternation générales, se glissant comme des voleurs au milieu de l'incendie qu'ils ont allumé de leurs mains, volent à la nation un pouvoir qu'elle ne veut pas leur confier.

LV. Ne sont-ce pas là de vraies pestes publiques ? Et Dieu sait si l'on pourrait penser autre chose de tous les faiseurs de révolutions.

Leur dernier mot est-il le vrai bien du pays !

Les autres qui composent la foule sont :

Les faibles, les lâches, les paresseux, les ignorants ; ceux qui voyant le pouvoir impunément avili, sans autorité pour réprimer le mal se joignent bientôt à ses ennemis ; ceux qui n'ont rien et ne veulent pas travailler honorablement, mais véritables frelons sociaux, s'emparent du butin des diligentes abeilles.

Ceux qu'une position équivoque pousse à troubler la société, espérant au milieu de la confusion générale, surprendre une sorte de réhabilitation.

Enfin mille intrigants de bas étage qui veulent satisfaire des rancunes, des jalousies et des rivalités personnelles de métier ou de profession, aux dépends de la paix publique.

LVI. Les complices ou auxiliaires sont tous les indifférents, les égoïstes qui n'apportent pas à la discussion le tribut de leurs lumières, et fuyant la lutte sur la place publique, le jour où l'ordre est menacé, laissent une proie facile aux anarchistes.

L'indifférence, véritable rouille, fruit de la mollesse du luxe et du bien-être toujours satisfaits, entraîne l'oubli des sentiments d'honneur et de délicatesse et avec eux le véritable courage civique si rare de nos jours.

Voilà l'armée qui fait sans cesse la guerre à l'ordre politique et social.

LVII. Voici les armes qu'ils emploient :

Les sociétés secrètes, — la licence effrenée de la presse, — la mauvaise foi dans l'opposition, — la publicité dangereuse et les tableaux répétés de tous les crimes avec lesquels, comme les yeux, les cœurs se familiarisent, — les provocations perfides, — les entraves mises à l'autorité, — les piéges tendus pour lui faire commettre des fautes qu'on lui reproche ensuite ou des injustices que l'on exploite contre elle; — enfin ces mots magiques sur la foule, de *tyrannie, liberté, aristocrate, réactionnaire, accapareur, blanc, bleu, rouge,* etc.

LVIII. L'homme a toujours au dedans de lui comme un levain de mauvaises passions qui le fait fermenter sans cesse. Il est dévoré par une soif inaltérable de l'inconnu ; par une aspiration perpétuelle vers la nouveauté, et s'épuise en désirs immenses et irréalisables.

Cette force mise à profit, bien dirigée, produit les hommes supérieurs dans tous les genres.

Négligée, elle l'use en se tournant contre lui.

Mal guidée, ou exploitée dans une intention perverse, elle produit les ambitieux qui en sont toujours victimes, et de plus, elle fait souffrir à la société un dommage irrémédiable.

LIX. Les émotions et les jouissances de l'ambition ne sont

réservées qu'à un certain âge, celui où les sens sont blasés, et où le cœur corrompu n'abrite plus de sentiments généreux.

Ces plaisirs sont les plus vifs et brûlent l'âme en l'usant, de la même manière que les plaisirs des sens agissent sur le corps; mais comme ceux-ci, ils durent peu, et laissent après eux de longs et cuisants regrets, d'amères déceptions, de cruels remords.

LX. A peine un homme occupe-t-il le pouvoir qu'il peut dire qu'à ce moment il compte des milliers d'ennemis acharnés, décidés à le renverser à tout prix; et qui ne se donnent ni paix ni trève qu'ils n'aient réussi.

Juste remunération de leur conduite, juste retour des choses d'ici-bas!

Et nous voyons avec quelle bonne foi leurs ennemis les traitent; aveugles que vous êtes, vous avez espéré un moment que le poste dont on vous chassait, tombait dans des mains plus dignes, plus fermes, plus habiles!

Ce qu'on blâmait chez vous la veille, on le fait ouvertement le lendemain.

Les mots sont changés, les choses sont toujours les mêmes.

C'est à votre place, à votre position, qu'on en voulait; il fallait savoir la défendre.

Maintenant ceux qui l'occupent veulent la garder; et il y a pour y parvenir certaines règles dont l'expérience ne permet pas de s'écarter impunément.

LXI. Cependant ces mécomptes, ces déceptions au lieu de corriger l'ambitieux ne font que l'irriter; sa soif n'en devient que plus ardente, et descendu du pouvoir, il veut, dût-il mourir à la peine, approcher de nouveau ses lèvres de la coupe empoisonnée.

Plus que jamais, tous les moyens lui sont bons; c'est ce qui le rend si dangereux.

Pour arriver à son but, il sacrifie tout :

La patrie qu'il vend,

Ses amis qu'il trompe,

Et lui-même.

Car saura-t-il jamais se modérer ?

Ce pouvoir qu'il poursuit, il le tient encore.

Il devrait mourir ce jour-là !

Dieu ne le permet pas. — Il faut qu'il rentre en lui-même ; qu'il ait le temps de comprendre le néant de toutes ces grandeurs, le dégoût de voir tomber pièce à pièce les débris de sa fortune ; il faut qu'à son tour, il soit victime de l'ingratitude et de l'injustice ; et que sans prisme, il considère la médisance, la calomnie, la bassesse, la trahison, les intrigues, les machinations, hier employées par lui, aujourd'hui tournées contre lui.

LXII. Voilà nos maîtres et nos exploiteurs !

Nous les voyons souvent ces hommes si puritains si austères, se loger dans les palais dont ils ont chassé les antiques maîtres, se draper dans ce luxe mal porté par eux, et effacer en morgue et en insolence ceux à qui des services réels donnaient peut-être quelques droits à porter la tête haute, — faisant la veille la critique calculée de ces dépenses qui retombaient néanmoins en rosée sur le peuple, les éclipser le lendemain ; vrais satrapes dans leurs orgies, leurs saturnales, et leurs folles prodigalités.

Nous les voyons, subissant fatalement les exigences de leur origine, passer successivement par toutes les couleurs ; et tellement inconséquents qu'ils se démentent eux-mêmes.

LXIII. Lorsque d'un côté il y a dans une famille tant de fils dénaturés et de l'autre tant d'idifférents,

Lorsque le gouvernement est attaqué avec tant d'acharnement par les uns, et défendu par les autres avec tant de mollesse et de tiédeur, c'est à la nation entière à se lever et à fortifier le pouvoir, sous peine de périr elle-même.

LXIV. Si les révolutions sont fàcheuses, leurs conséquences et les malheurs qu'elles traînent après elles sont immenses.

Elles nous lancent dans l'imprévu, pervertissent les notions du juste et de l'injuste, et faussent les instincts ;

— Elles corrompent les mœurs ;

— Elles arment l'inférieur contre le supérieur,

— Celui qui possède, contre celui qui doit travailler pour vivre,

— Le colon et le fermier contre le propriétaire ;

— L'ignorance contre le savoir et l'expérience,

— Les ténèbres contre la lumière,

— Le mensonge contre la vérité,

— La négation contre l'existence,

— La barbarie contre la civilisation.

— Elles nous font perdre en un instant plusieurs années de splendeur et de gloire,

— Anéantissent le crédit et la fortune des particuliers, en ruinant l'état.

Elles nous livrent à des hommes nouveaux et sans expérience.

Détruisent les positions sociales,

Et abaissent tous les hommes sous leur aveugle niveau, comme la grêle qui couche tous les épis d'un champ.

LXV. Heureux quand elles n'arment pas les citoyens les uns contre les autres ;

Quand elles ne servent pas de prétexte à la vengeance ;

Quand elles ne dressent pas des listes de suspects et de proscription ;

Quand elles ne relèvent pas l'échafaud ! !

Et quand la guerre civile n'entraîne pas à sa suite la guerre étrangère et la perte de la nationalité.

LXVI. *L'insurrection est le plus saint des devoirs,* — quand ce n'est pas le plus grand des crimes. —

Qui vous a chargés d'être les ministres de la vengeance de Dieu, vous qui nous apportez le plus cruel des fléaux !

Le succès, dites-vous, justifie l'émeute et en fait une révolution.

Mais quelquefois ce calme apparent qui en est la suite n'est que le précurseur de la tempête qui se forme sur nos têtes.

LXVII. Tout un peuple violenté par vous, crie vengeance. Et bientôt le désordre de vos finances, l'inexpérience de vos administrateurs d'emprunt, l'outrecuidance de vos nouveaux politiques, d'un côté;

De l'autre, le sentiment de l'amour-propre blessé chez tout un peuple; l'instinct de la foule qui ne l'égare qu'un moment; la réaction inséparable de l'action ; le ressort se débandant avec plus d'énergie suivant qu'il a été plus comprimé, les déboires d'un pouvoir usurpé et que vous ne savez rendre respectable; les reproches d'une conscience troublée, amoncèlent sur vous d'inextricables embarras et causent votre chute.

— Et les desseins de Dieu s'accomplissent. —

Parce que tout croupit dans un calme apparent, parce qu'au tumulte a succédé la torpeur et le découragement; qui vous la dit que vous avez réussi et que ce calme n'est pas la mort?

LXVIII. Vous avez réussi et le succès vous justifie...; quel succès? — Celui d'avoir imposé à un peuple vos caprices et votre volonté éphémère ! —

Mais il vous montre tout à l'heure le cas qu'il en fait :

Celui d'avoir accompli les promesses que vous lui avez faites et réalisé vos brillants mensonges : *Tout par le peuple et pour le peuple !* — *Régénération sociale !* — *Bien-être général !* — *Perfection et paradis sur la terre* — ?

C'est impossible; cette tâche ne vous est pas réservée.

Ce serait contraire aux décrets de la Providence.

Il faudra toujours *travailler* et *souffrir.*

3

Si vous assurez le contraire, *vous savez que vous mentez.*

LXIX. Sans doute l'insurrection est le plus saint des devoirs pour un peuple envahi par un conquérant impitoyable, qui lui imposerait des dieux étrangers, et voudrait l'asservir en lui ravissant ses vertus, sa liberté, son bien-être, sa famille.

Ce jour-là la guerre contre ce tyran serait légitime et sainte.

Mais ce tyran, — c'est vous! —

Et contre vous, l'insurrection est le plus saint des devoirs.

Et ce peuple vaincra parce que Dieu combattra avec lui.

LXX. Où commence l'injuste? où s'arrête le juste ? — Où s'arrête l'émeute? où commence la révolution ? —

Une révolution, même juste en apparence, est-elle désirable?

Et si les griefs reprochés au pouvoir ne font pas l'objet de la réprobation générale, —

Ne vaut-il pas mieux conserver un gouvernement supportable que de se lancer dans l'imprévu de mille chances aléatoires ?

Le danger d'innover en pareille matière est si grand et cause une telle pertubation que si l'on a pu dire avec raison que *trois déménagements valent un incendie,* l'on doit dire avec plus de raison encore que *trois révolutions valent un déluge.*

LXXI. Vous qui renversez, saurez-vous relever? — Vous qui démolissez, saurez-vous rebâtir? — Vous qui aspirez à remplacer les autres, ferez-vous mieux, et saurez-vous vous gouverner vous-mêmes? —

Nous vous voyons à l'œuvre depuis *cinquante* ans, toujours conspirants, toujours mécontents ;

Depuis *cinquante ans* vous tournez sans cesse dans le même cercle d'idées sans résoudre le problème : tour à tour au fond, tour à tour à la surface, tour à tour vous venez vous brûler les ailes au même flambeau.

Qu'y gagnons-nous !

Le moindre mal est de payer fort cher un apprentissage improductif pour la France.

LXXII. Ce qui se passe sous nos yeux tous les jours, es une mauvaise parade de place publique, où, pendant que les badauds rient des grimaces des paillasses politiques et achètent aux charlatans socialistes leur panacée universelle, des filous, leurs compères, exploitent les poches des curieux et *font la montre et le mouchoir.*

Le peuple, sera toujours dupe, toujours trompé, toujours méfiant, et toujours poussé par la fatalité au pouvoir de ces exploiteurs, avec cette attraction ou fascination qui pousse l'oiseau dans la gueule du serpent.

La *liberté*, l'*égalité* et la *fraternité* que le peuple leur achète lui reviennent très-cher, et encore sont-elles bien frelatées.

LXXIII. Le jour où il sera clair pour *tous* qu'un gouvernement — quelle que soit sa forme — est antipathique à tou un peuple — *éclairé sur ses véritables intérêts — libre dans son choix* — dégagé de toute pression de la crainte, de toute suggestion de fausses promesses; — ce jour où le peuple entier se lèvera en disant : « *Retire-toi, nous ne te voulon plus;* » ce jour, le pouvoir se retirera, et aucune secouss n'agitera ce peuple, car Dieu sera avec lui, et, de cette ère le pouvoir qu'il appelera sera de *Droit divin.*

LXXIX. Dans le doute de savoir quand le moment sera ve nu d'exiger telle ou telle réforme radicale ; de reconnaître s elle est sage, si elle est juste, si elle est le vœu de la nation pourquoi ne pas s'abstenir et attendre ?

Pourquoi violer peut-être la liberté de la majorité ?

Pourquoi s'exposer à faire crouler tout l'édifice en portan

imprudemment le marteau dans les parties vitales sous prétexte de réparations et sans l'avoir préalablement étayé !

LXXV. Le fruit trop hâté, mûrit mal.

Quand un progrès, une réforme, un changement pourra avoir
lieu, ce sera par la force des choses, sans commotion ni sang
répandu, sans bouleversement, sans haines, sans rivalités.

Ce sera parce que le fruit sera mûr ;

Parce que le doigt de Dieu y sera marqué ;

Parce que nous serons arrivés à cette page du livre de nos destinées.

Il n'y a pas de prescription dans ce code ;

— Pas de droits périmés devant ce tribunal ;

— Pas de cause qui ne vienne à audience ;

— Pas grief qui n'ait sa réparation ;

— Pas de terme qui n'ait son échéance.

Quand le moment sera venu, —

L'édifice politique et social, dont les fondements, — après
avoir traversé les couches mouvantes des préjugés, des révolutions et des fausses doctrines —'reposeront sur le terrain
solide, s'élèvera en sûreté.

Donc,

Confiance, patience et espérance.

LXXVI. Notre incessante activité ne doit-elle pas nous faire rentrer en nous-mêmes, et par cela seul qu'elle ne peut
jamais être assouvie, ne nous enseigne-t-elle point que nous
avons d'autres destinées !

Cette ambition qui ne sera jamais satisfaite ne nous mon-
tre-t-elle pas que le pouvoir ne suffit pas pour nous rendre
heureux ?

Enfin ce désir du changement, cette inconstance ne prou-
vent-ils pas notre légèreté et notre frivolité? et l'histoire nous
apprend ce qui arrive aux peuples légers et frivoles.

Non-seulement nous voulons souvent des changements de

décors à vue, mais encore tous les jours de nouveaux acteurs, dans ce drame palpitant d'intérêt et d'émotions.

Tous les jours on dit : *Un tel est usé*, et il y a à peine huit jours que la faveur populaire l'a porté au pinacle.

Est-on changé sitôt? ne serait-ce pas nous plûtôt qui ne le verrions plus du même œil ?

Effet de notre vanité qui croit ne pas se tromper!

LXXVII. Et de quel droit, à quel titre, prétendons-nous être heureux !

Le méritons-nous?

Nous tous, qui plus d'une fois avons maudit ce démon de la révolte,

Descendons en nous-mêmes, et reconnaissons ici que chacun de nous a contribué au mal, et que c'est au dedans de nous qu'il faudrait porter le remède.

Le mal est en nous chaque jour plus profond. Et il semble qu'à mesure que nous avons les yeux plus ouverts aux arts, aux sciences, aux lettres, nous devenions plus ignorants sur tout ce qui regarde nos plus vrais et nos plus chers intérêts.

LXXVIII. Les désirs immodérés nous les devons à nos cœurs amollis par la satisfaction de toutes les jouissances matérielles, par toutes les passions qui grouillent en nous.

L'insubordination, nous la devons à l'éducation efféminée peu respectueuse que nous donnons à nos enfants.

L'ambition de la fortune, nous la devons aux mille besoins factices imposés dans notre intérieur.

L'ambition des places, du pouvoir nous vient en réveillant dans nos familles les intincts de la vanité, en intervertissant tous les rapports sociaux; en nous adonnant à des études mal comprises, peu approfondies et mal digérées, en enlevant tous les jours des milliers de bras à l'agriculture.

LXXIX. Chacun de nous peut donc frapper sa poitrine et dire :

Si la France a le malheur, ainsi qu'une fille folle, de se donner au premier venu,

C'est que nous l'avons corrompue, avilie, abâtardie, énervée.

Si elle se tord depuis un demi-siècle dans les étreintes des révolutions,

C'est que chacun de nous, fait de sa famille, dans l'ordre moral, un foyer de révolutions.

Le mal est donc au-dedans de nous et nous sommes les premiers coupables des maux de notre patrie.

Et nous demandons un gouvernement parfait !

Le premier remède à appliquer à tant de maux c'est le courage, l'union , l'humilité.

Le courage, parce qu'il faudra toujours *travailler* et *souffrir*.

L'union pour combattre avec plus de force.

L'humilité, parce que l'orgueil est la perte de l'homme.

LXXX. Les inconséquences du mensonge nous ramènent à la vérité.

La logique des faits parlera toujours plus haut que celle des sophistes et des rhéteurs.

On ne s'impose pas longtemps à un peuple malgré lui.

L'élection du *dix décembre*, si elle n'est pas la plus insigne des folies, est le plus profond des enseignements,

Enfin, une chose doit nous rassurer :

Le sentiment religieux anime les multitudes.

Elles sentent le besoin d'un retour vers les grandes vérités.

LXXXI. Aussi pour se mettre en harmonie avec elles, les novateurs le prennent sur le même ton, et jamais pour prêcher le mensonge, n'ont-ils autant emprunté de texte sacrés.

Ce sont-là leurs mœurs oratoires.

C'est un genre, une mode, un ton.

Tant il est vrai que les choses les plus saintes, entre des

mains habiles, et avec un cœur corrompu peuvent devenir des instruments dangereux.

Ils veulent donner par là une haute idée de leur moralité et des gages de leurs bonnes intentions.

C'est un hommage rendu aux croyances et aux instincts de la multitude.

C'est la glorification de la vérité par le mensonge.

— Je termine. —

LXXXII. Les peuples sont comme les individus; ils ont des maladies morales, comme ceux-ci des infirmités physiques.

Un peuple en révolution a la fièvre, et la fièvre est un fâcheux symptôme.

Mais un individu comme un peuple malade ne meurt que quand la main de Dieu se retire de lui, c'est-à-dire :

Quand il ne sent plus son mal, quand la vie s'est retirée au cœur, que les extrémités sont froides, que le pouls s'affaisse de plus en plus.

— C'est-à-dire,

Quand tout sens moral est perverti en lui, et que le sentiment du beau et du bon sont remplacés par la dépravation du goût et l'insensibilité; quand au dedans et au dehors il subit la tyrannie et la domination plutôt que de sortir de son apathie et de son indifférence,

En serions-nous venus là !

Je l'ai craint longtemps; maintenant j'espère beaucoup.

La France, veut se sauver, sa dernière heure n'est pas encore sonnée.

Bayonne, le 15 Avril 1849.

———————

DEUXIÈME PARTIE

I. Le mot de *République* ne doit effrayer personne.

C'est moins la forme du gouvernement que l'Etat lui-même.

C'est la chose de tous ; le mot l'indique.

C'est la réunion de toutes les forces particulières.

C'est l'état politique d'une nation.

C'est encore : l'unité collective des intérêts humains diri-
gés vers un but d'amélioration sociale (Christian).

Et souvent les philosophes et les politiques se sont servis
de ce nom de *République* pour désigner une monarchie ou un
empire, ou bien enfin notre forme de gouvernement actuel.

Le mot de République s'entend surtout d'un pays où chacun peut et doit s'intéresser au bien de tous.

Comme forme de gouvernement c'est le règne de la vertu,
de la justice, du respect au pouvoir, de l'obéissance aux lois,
du désintéressement et de l'abnégation de soi-même.

II. Cela posé, il peut y avoir des *monarchies républicaines*
comme des *républiques monarchiques.*

Qu'un gouvernement soit monarchique ou républicain, il
peut être *aristocratique* ,

Quand le pouvoir est exercé par une partie du peuple, celle
d'en haut ;

Démocratique, quand le peuple entier participe au gouvernement sans exclusion de rangs ni de castes. C'est le système mixte ; le plus rationel, le plus supportable ; enfin,

. *Démagogique* quand le pouvoir est exploité par la partie inférieure du peuple.

III. De tous les despotismes , le *démagogique* est le plus odieux ;

Voltaire dit que la *kakistocratie* ou *démagogie, c'est le despotisme de la canaille.*

Il y a lieu de tomber dans cet excès quand par suite de la corruption des mœurs, le sens des mots est perverti, et que la lie de la populace exclusivement s'applique le nom de peuple.

Alors le caprice devient la loi, l'exception la règle, l'audace et la force remplacent le droit et la raison.

En France, plus qu'ailleurs, les termes convenus pour désigner les choses changent d'acception ; l'usage devient abus ; tout but est dépassé ; tout zéphir devient ouragan ; tout ruisseau se fait torrent ; l'esprit de *liberté*, d'*égalité*, de *fraternité* dégénère en *licence*, *haine de tout pouvoir*, *communisme*.

Car de même qu'à force de l'entendre dire, nous sommes parvenus à nous croire républicains, de même les bas étages de la société n'ont vu dans la devise de notre drapeau que la faculté de tout faire, le renversement de toute autorité, le partage de tous les biens ; c'est-à-dire l'oppression du plus grand nombre.

A ces conditions nous serions le peuple le plus *anti-républicain* de la terre.

IV. Rien de plus sévère et de plus exigeant pour les devoirs de tous qu'une république ; rien de plus jaloux des droits de tous protégés par les lois ; et c'est une erreur profonde que de croire que sous une république tous les citoyens soient égaux en considération et en mérite.

La seule égalité qu'elle reconnaît est celle des *droits* et des *devoirs.*

Aussi rien n'est plus beau quand ce n'est pas ce qu'il y a de plus injuste et de plus petit.

V. Sous la république, ce n'est pas la loi seule qui nous fait un devoir de coopérer activement au bien de l'état et de secouer l'apathie qui nous ronge sous la monarchie quand quelqu'un en dehors du peuple veille au salut du peuple; c'est notre intérêt le plus cher; car les mauvais instincts, les passions les plus basses veilleront toujours assez pour nous tenir en haleine et profiter de notre moindre assoupissement.

Et alors tout le mal qu'on aurait pu conjurer il faut le combattre, et cette lutte perpétuelle est la mort des états.

VI. Il faut que tous les bons citoyens veillent, dans un état où le peuple est à la fois gouvernant et gouverné,

Administrateur et administré,

Juge et partie,

Chargé de l'ordre et fauteur du désordre;

Il faut que le peuple ait en lui-même une grande confiance, et qu'il justifie cette confiance par sa sagesse, sa force, sa modération; alors la France pourra être républicaine.

Mais d'abord veut-elle l'être? l'a-t-on consultée !

VII. La constitution de 1848 est grosse de difficultés; à part l'éventualité, l'instabilité, les conflits du pouvoir, elle laisse la porte ouverte à toutes les ambitions.

La France n'est-elle pas trop étendue?

Quel modèle suivre parmi les républiques anciennes et modernes?

L'essai de 93 est infructueux.

Celui de 48 est-il satisfaisant?

Quand nous voyons les citoyens excités au mépris et à la haine des uns des autres;

Quand la démagogie menace de nous déborder;

Que la France est divisée en plusieurs camps ;

Que nous voyons avec douleur, le pouvoir abaissé, la conscience publique pervertie, la foi politique morte et la foi religieuse chancelante, éteinte;

Édifiés par les leçons de l'histoire sur l'ingratitude des républiques;

Sous la crainte des coups d'état militaires,

Des efforts du socialisme conjuré contre l'armée,

De l'organisation actuelle de nos gardes nationales;

Je cherche si la forme républicaine n'est pas le principe plutôt que la fin des peuples,

J'évoque nos traditions nationales,

Enfin, je frémis de cette théorie que professent certains hommes qu'il est des droits antérieurs et supérieurs aux lois, je me demande si la France peut être républicaine, et je voudrais pouvoir le croire.

VIII. Si un principe peut remplacer celui du *droit divin* dans le choix du pouvoir ou dans la forme du gouvernement, c'est celui de la volonté générale, *librement* et *complètement exprimée*, avec lequel le premier se confond;

De sorte qu'il n'y a presque que la manière de le définir qui varie,

J'ai déjà eu l'occasion de dire que ce principe était le plus légitime (1).

Mais la volonté de la nation doit être consultée.

Elle ne l'a pas été en 1848.

Suffisait-il que devant une chambre ébahie, MM. Ledru-Rollin et Lamartine proclamassent que la France voulait la république et que déjà nous étions républicains, pour que ce mensonge devînt une vérité! Et que le lendemain du 24 février, les départements subissent (en l'apprenant par le

---

(1) Voyez première partie de *Quelques vérités.*

télégraphe) la forme nouvelle qu'il *plaisait* à la capitale de leur *octroyer* !

IX. Louis-Philippe tombé comme il s'était élevé, la nation par sa chute rentrait dans le *droit commun des nations ;* elle était de fait *république.* Mais pour qu'elle conservât définitivement une forme et un gouvernement républicain, dont la nécessité quoi qu'on en dise, n'était pas implicitement démontrée par les circonstances, il fallait à ce nouvel état la consécration de la sanction de la France,

Ceux qui voulaient et qui veulent encore de bonne foi la *république*, la veulent sans doute pour la France entière, et non pour une coterie.

Alors la volonté du peuple légitimant leurs actes, justifiant leur tentative, les mettait à l'aise avec leur conscience et les dégageait d'une immense responsabilité vis-à-vis du pays et de l'histoire ;

Ou bien ils l'a voulaient pour eux seuls, et se sont efforcés d'étouffer toute manifestation de la vérité ; alors le mot de république ne serait plus qu'un mensonge.

Dans ces circonstances, avec ce manque de franchise et de loyauté, il était difficile de ne pas rencontrer la répugnance et l'inertie chez les uns ; la répulsion et l'hostilité chez les autres.

Il était difficile que les principes semés dans un sentiment égoïste ne fussent pas étouffés par les ronces de l'ambition et du faux patriotisme, et exploités après leur développement par des passions encore plus honteuses et plus mauvaises.

Que craigniez-vous donc, vous qui nous avez donné le *suffrage universel*, et pourquoi cette contradiction?

Quoi ! vous substituez votre volonté à celle de la France entière, dans ce qu'il y a de plus grave, la forme du gouvernement lui-même !

Vous consultez donc le peuple pour l'accessoire et vous tranchez vous-mêmes le principal !

C'est à-peu-près, et jusqu'à preuve du contraire afficher cette prétention : « Quel homme d'affaires voulez-vous choisir, pour gérer le bien de campagne, que vous ne voulez pas acheter? »

Il faudra qu'on y vienne; car tout ce qu'on fera en dehors de ce principe n'est pas viable; ses fruits portent dans leur cœur le ver qui les pourrira.

On y viendra sous peine de voir taxer d'hypocrisie vos demi-concessions.

Si l'on a cru pouvoir s'en passer, c'est de l'outre cuidance;
Si l'on a craint le résultat, c'est un escamotage.

X. La *constitution* telle que nous l'a faite l'Assemblée qui vient de mourir, est grosse de difficultés dans l'application.

Nous avons vu dans quelles complications au dedans et au dehors ont manqué nous jeter par leur esprit de raideur, d'aigreur et d'exclusion, ceux qui avaient mission de la faire et de l'interpréter.

Tant il est vrai que la plus médiocre de toutes les constitutions qui émaillent et pavent l'histoire de nos 50 dernières années; observée, suivie dans un esprit de droiture et de bien public, vaudrait mieux que le chef-d'œuvre dont la Constituante vient d'accoucher avec tant d'efforts et d'argent.

XI. Je suppose qu'il n'y ait plus entre l'assemblée et le gouvernement de ces tiraillements pénibles qui ont marqué les convulsions de l'agonie de la constituante; que dorénavant les assemblées successives ne s'appliquent pas à paralyser l'action du pouvoir exécutif, ou à le renverser, et que ce pouvoir continue à ne pas faire de coups d'états,

Ne vivrons-nous pas au jour le jour, et d'expédients cousus bout à bout?

Que produirons-nous de grand, de fort, de stable?

Nous végéterons, nous vivoterons, et tous les jours nous

serons réduits à recevoir par le télégraphe des *bulletins de santé* sur l'état de notre malade.

Tous les quatre ans de nouvelles têtes présideront aux destinées du pays ; et quand aux termes de notre constitution, le chef de l'état aura donné pendant quatre ans des gages de talent, de patriotisme et de sagesse, il est douloureux de le voir frappé d'incapacité pour les élections suivantes.

Un pont, un monument, un chemin de fer, quiconque avec le projet et les dessins de l'ingénieur peut les mener à bonne fin ; mais un plan gouvernemental conçu par une tête, qui l'exécutera? Une idée féconde en résultats, qui l'appliquera ? Ces choses-là ne s'écrivent ni ne se dessinent ; on a beau faire, la pensée n'a pas encore de caractères pour les exprimer ; on les élabore toute sa vie et on ne livre son secret à personne, et l'on veut les appliquer soi-même.

Et aujourd'hui que nous vivons si vite, toute idée qui ne saurait avoir d'application que dans dix ans et conçue dans cette prévision par une haute intelligence, pourrait mener à mal le penseur coupable d'anticiper sur l'avenir.

Donc, point de système, plus de vastes desseins ; à chaque renouvellement du pouvoir la France solde ses comptes.

XII. Quand ceux qui ont fait la *constitution de 1848* ont voulu que le pouvoir exécutif fût exercé par un président, et non par l'assemblée nationale elle-même, ou par une commission tirée de son sein, ils se sont préoccupés à juste titre du despotisme et de la tyrannie des assemblées souveraines ; pour éviter ce danger ils nous ont exposés à être sans cesse pressés et écrasés entre ces deux pouvoirs, tous deux produit de l'élection, l'*exécutif* et le *législatif*.

XIII. L'opposition systématique d'une partie de toute assemblée, la résistance qu'opposera toujours à certains empiétements un pouvoir qui se respecte, qui tire sa force de la nation, qui est responsable et qui veut à ce titre une certaine liberté d'action ; ces deux forces appliquées en sens contraire produiront des conflits inévitables, très-fréquents, très-graves qui perpétueront cet état de malaise, de crainte et d'incertitude que beaucoup de gens attribuent au fait de la république.

XIV. Le peuple, c'est-à-dire la France entière sera constamment entre le marteau et l'enclume ; les hauts fonctionnaires de l'état ne seront dévoués dans l'exercice de leurs charges, à l'un des pouvoirs que sous peine de déplaire à l'autre ; l'un des pouvoirs visera surtout à la popularité, et c'est assez dire qu'il en privera son rival.

Que si au contraire, comme je dis plus haut, on préfère être conséquent avec le principe républicain, il faut une assemblée unique, et alors qu'arriverait-il ?

La convention, avec ses éléments, ne pouvait pas agir autrement qu'elle n'a fait ; si les mêmes circonstances se représentaient, nous verrions encore les mêmes actes se reproduire et peut-être pis.

XV. *Une assemblée souveraine a toutes les passions d'un individu avec plus de moyens de les satisfaire.* Sans appel, sans contrôle, sans responsabilité directe, tout être collectif peut commettre impunément des énormités ; son caprice devient le droit, puisqu'il fait la loi ; sa force, la volonté de tous, puisqu'il fait exécuter sa volonté au nom du peuple qui l'a élu ; ses colères sont de la grandeur. Enfin la haine et la vengeance peuvent s'y abriter sous le nom de *salut public, raison d'état, suprême loi.*

Une fois entrée dans cette voie, rien ne l'arrêtera, rien ne lui coûtera. *Les collections d'individus n'ont pas de conscience.*

XVI. D'un autre côté, deux chambres seules se modérant mutuellement, sans pouvoir exécutif, séparé, seraient un *non-sens.*

Ou elles se modéreraient tellement qu'elles ne feraient plus rien du tout ; ou les rivalités les armeraient l'une contre l'autre et en formeraient deux camps. De fort et uni que doit être le pouvoir, il deviendrait faible et divisé ; ce serait un cercle avec deux centres, c'est-à-dire quelque chose de monstrueux.

Et si, de guerre lasse, les deux ennemis, — car ce seraient deux ennemis — signaient une trêve, et se faisaient des concessions réciproques, ce serait aux dépends de la dignité et de l'honneur ; s'ils résistaient à outrance, ce serait aux dépends de la justice et de la paix.

XVII. Toujours, pour rétablir l'équilibre, il faudra un troisième pouvoir, et encore signalerai-je un inconvénient. S'il y a entre les deux chambres rivalité et antagonisme, le pouvoir exécutif se fortifiera de toute leur faiblesse ; si elles s'entendent contre le pouvoir exécutif, étant deux contre un, elles le renverseront facilement ; source inévitable de factions, partant de guerres civiles.

Toutefois, avouons une chose :

Toutes les tentatives faites par les assemblées contre le pouvoir exécutif seraient toujours si bien masquées et justifiées par les préventions, ou les soupçons de *trahison*, *abus du pouvoir, usurpation de la tyrannie* qu'elles s'en laveraient facilement et en accroîtraient leur popularité. Du côté du pouvoir exécutif au contraire, toute tentative de coup d'état contre le corps législatif serait *le plus grand des forfaits* surtout s'il échouait, même si ce n'était qu'une légitime défense.

XVIII. Malgré tout, c'est ce système d'un pouvoir exécutif appuyé sur le pays représenté par deux chambres qui est le moins défectueux ; seulement, en cas de conflits, et pour certaines questions vitales, *appel au peuple* par la voie du suffrage universel, et de sorte que le suffrage universel ne soit pas une dérision ou une comédie.

XIX. Il est fâcheux qu'à cause des contradictions et des inconséquences inséparables de notre pauvre nature, l'excès du mal se trouve toujours à côté de l'excès du bien ; à côté de l'usage, l'abus ; que d'un principe vrai on tire de fausses inductions ; c'est ce qui me fait dire et penser sonvent que toute la sagesse humaine n'est que folie et vanité.

Il est juste et rationel que tous les emplois de l'état dans la magistrature, l'administration, l'armée, la représentation nationale, soient ouverts en concours aux citoyens les plus dignes, les plus capables, les plus courageux. Tout le monde y a un droit égal.

Cependant si le droit est égal, les moyens pour en user ne sont pas les mêmes pour tous ; la brigue et l'intrigue remplacent chez quelques-uns la capacité ; dans la pratique on ne se souvient que du principe écrit dans la constitution, sans penser aux conditions que la patrie exige de ceux qui aspirent à la servir.

De ce que tout le monde a qualité pour parvenir, beaucoup concluent que tous leurs efforts doivent tendre à percer par tous les moyens justes ou injustes, sauf à donner au pays trompé par eux le spectacle de leur révoltante incapacité.

De là le charlatanisme de la presse, les beaux discours de tribune, les cabales dans les élections.

XX. Ce droit de prétendre à tout est inhérent à notre forme républicaine, mais il prive souvent l'état de serviteurs dévoués.

Heureux le peuple quand ses prétendus serviteurs, qui au bout du compte sont ses maîtres, ne bouleversent pas l'état pour justifier de leur amour de l'ordre !

Ainsi à côté du grand principe, le grand écueil.

Le germe de toutes nos révolutions gît le plus souvent dans l'ambition effrénée du pouvoir.

Si tous les emplois étaient gratuits, nous aurions le dernier mot du patriotisme de chacun ; il ne resterait plus pour mobile à l'ambition que l'honneur, ce qui la réduirait singulièrement.

S'il était défendu de briguer les emplois, mais qu'il fallût au contraire les accepter et que la république les imposât à ses enfants, nous aurions la mesure de beaucoup de vertus républicaines.

XXI. Pour se constituer en République, je me demande si la France n'est pas trop étendue et trop populeuse, si elle est assez agricole.

Qu'on me cite une république dont l'étendue égale celle de la France?

« Dans une grande république, dit *Montesquieu*, il y a de
» grandes fortunes et par conséquent peu de modération
» dans les esprits ; il y a de trop grands dépôts à mettre en-
» tre les mains d'un citoyen ; le bien commun est sacrifié à
» mille considérations. Dans une petite république le bien
» public est mieux senti, les abus sont moins étendus.

Il y a encore d'autres raisons.

Le grand nombre d'habitants fait qu'un parti, relativement peu considérable de séditieux, peut faire trembler la majorité des bons citoyens.

En France, armez un million de forcenés, et non-seulement tout le reste de la nation sera réduit à l'état le plus déplorable, mais encore l'équilibre européen sera bientôt rompu.

Un bras suffit pour allumer l'incendie, il en faut beaucoup pour l'éteindre.

XXII. Dans une vaste république, si elle est unitaire, l'action du pouvoir sera amortie et émoussée, la transmission des ordres de l'autorité plus difficile, l'expédition des affaires plus lente.

Procéder à une décentralisation complète, ce serait marcher à grands pas vers le *fédéralisme*.

Si nous formions une république fédérée, tous les départements ou les anciennes provinces seraient autant d'états indépendants protégés par une alliance offensive et défensive, et solidaires.

Car c'est le sort des états faibles de s'unir quand ils sont divisés pour se prêter un mutuel secours.

Et nous d'unis que nous sommes, nous nous diviserions ; quelle folie !!

XXIII. Et bientôt les convenances particulières de chaque état, le tempérament, les mœurs, les usages, les idiomes même, tout ce qui jusqu'ici était confondu dans la grande nationalité française, mêlé dans le sentiment d'orgueil général des grandes choses, des grands résultats obtenus, toutes ces circonstances qui s'étaient effacés en présence de l'intérêt général se reproduiraient avec les rivalités, les instincts, l'esprit de terroir, les préjugés de province ; et le pacte fédéral ne suffirait pas pour éloigner longtemps de notre république le fléau de la guerre civile.

La réunion de divers états ne ferait point leur force si le faisceau n'était retenu par un lien commun ; et le jour où l'Autriche, la Prusse, la Russie, averties par nos dissentions intestines que notre heure est arrivée, voudraient faire de nous une autre Pologne ou une autre Italie, ils nous trouveraient divisés et faibles.

XXIV. Si donc, la république est grande et unitaire, elle est détruite par un vice intérieur ; si elle est fédérée, aux embarras du dedans, elle ajoutera les complications du dehors.

Or la France ne pourra jamais être une petite république.

XXV. Pour fonder la république en France, quel modèle s'est-on proposé de copier ? quel type a-t-on rêvé ? quel guide veut-on suivre ?

La Grèce ?

Lisez l'histoire ; le commerce y était proscrit comme déshonorant et presque interdit par les lois.

Ses lois lui prescrivaient de ne point étendre son territoire qui égalait du reste trois ou quatre de nos départements.

Les sacrifices humains, le droit de vie et de mort des pères sur les enfants, des mœurs dures et cruelles; tout cela est bien loin de nous, et ce n'est pas par ce côté que nous voudrions l'imiter.

Dans ses autres lois, suivrions-nous celle de Minos, de Lycurgue, de Solon?

XXVI. Rome?

Mais Rome ne se soutenait qu'à force de conquêtes; c'était l'aliment de sa flamme; Rome avait des rangs et des classes parmi les citoyens : les patriciens, les chevaliers, les plébeiens les affranchis, les esclaves, les patrons, les clients.

Dans le gouvernement, les rivalités entre le sénat et les tribuns du peuple agitèrent et ensanglantèrent souvent la république.

Les mœurs y étaient pour le moins aussi rudes et aussi cruelles que dans la Grèce, et là aussi le pouvoir paternel était sans limites.

Rome fut labourée par les guerres civiles dans les derniers temps; et, dans les commencements, elle ne se soutint qu'à force de vertus civiques.

Où sont les nôtres? Nous ne sommes pas dignes de les imiter; à Rome tout le monde était républicain, et nous ne sommes rien moins que républicains.

Si l'on veut copier la République Romaine — je ne parle pas de celle de Mazzini — dans ce qu'elle avait de bon, nous devons régénérer nos mœurs.

Il nous faut la loi *Acilia* contre la brigue, et alors l'engouement du peuple sera moins souvent exploité; personne ne cherchant à plaire, on serait recherché pour le mérite.

Il nous faut la *loi agraire*,

La *loi somptuaire*; la loi contre l'*adultère*, parce que le luxe accompagne et provoque toujours la dépravation des mœurs.

XXVII. Les républiques d'Italie au moyen-âge? Celles de Lucques, Pise, Florence, Gênes et Venise?

La plupart d'entre elles ont duré peu de temps ; elles étaient excessivement réduites, et sans cesse désolées par les guèrres civiles et les factions.

Malgré leur peu d'étendue, *Venise* et *Génes* furent long-temps florissantes sur les mers, mais c'étaient des républi-ques *aristocratiques* ; les grands y remplissaient·les premiè-res charges de l'état ; le pouvoir puisait sa force dans la dé-lation et la terreur ; les annales de ces deux républiques sont écrites avec du sang.

XXVIII. La république Batave où règne aujourd'hui la famille des anciens *Stathouders* ou gardiens du pays, était fédérative.

Saint-Marin, le Val d'Andorre seraient à l'aise dans un de nos cantons.

XXIX. Les républiques espagnoles d'Amérique?

Rien n'égale l'instabilité de ces malheureux pays toujours tracassés, ruinés, déchirés par des prétendants au pouvoir ambitieux et ignorants ; pays à demi barbares, et sortis il y a à peine trois siècles des mains de la nature.

La Suisse?

République très-réduite fédérative, divisée par le langage et la religion, et ensanglantée naguère par les dissentions in-térieures.

XXX. Est-ce enfin les Etats-Unis de l'Amérique du Nord?

C'est la seule grande république connue qui prospère. Elle dure depuis 1782. Elle est fédérative ; ses divers états ont des contributions particulières, l'esclavage n'y est pas encore aboli ;

C'est une maison de commerce sur une immense échelle et sacrifiant tout à ses entreprises mercantiles vers lesquelles elle tourne toutes ses aptitudes.

Du reste si ce pays n'a pas comme nous le sentiment des beaux arts, il a en revanche un excellent esprit public, chose qui nous manque complètement.

Aucune république ancienne ni moderne ne peut nous montrer la route que nous avons à suivre?

Est-ce celle de Barbès, Blanqui, Raspail, etc., que nous devons adopter ?

XXXI. Comme si l'essai de 93 n'eût pas été assez infructueux pour le bien, les pâles continuateurs de cette époque malheureuse veulent la copier dans celle de 48.

Jusqu'ici nous ne connaissons leur savoir-faire que par les *fameuses circulaires, la ruine des colonies, la proposition de la loi sur le divorce, le désordre des finances. l'impôt des 45 c.* et la *menace de la banqueroute* déguisée sous le nom de papier monnaie ; les ateliers nationaux, de petites ruses, des polices et contre-polices, des cachoteries, de petits complots, beaucoup de dépenses, le pouvoir abaissé et méconnu, les journées des 17 *mars*, 16 *avril* 15 *mai et* 23 *juin*, les échauffourées de *Risquons-tout et de Savoie.*

Ce sont là leurs prouesses administratives, politiques et financières.

S'ils ont aboli la peine de mort en matière politique, c'est pour eux qu'ils ont travaillé, comme quand ils abolissaient la prise de corps pour dettes.

Voilà leur *pièce de maîtrise.*

Voilà ce qu'il faut admirer pour être bon républicain.

Voilà les sauveurs de la patrie ; ceux qui se sont donnés le mandat de régénérer la France.

XXXII. Non, montagnards, ce n'est pas à vous à fonder la république ; ce n'est pas la vôtre que la France veut ; c'est parce que vous voulez vous y imposer que la France la repousse, et cette répulsion s'adresse surtout à vous.

C'est vous qui la rendez impossible.

Vous qui faites de la patrie une métairie que vous exploitez ;

Vous qui, pour le troupeau, êtes le boucher ;

Vous qui ne prenez pas, vous-mêmes, la République au

sérieux ; qui ne l'avez pas épousée, mais qui en faites une maîtresse complice de vos plaisirs.

Tribuns altiers, séditieux et farouches agitateurs, qui avez déchaîné les tempêtes de la démagogie en prétendant fonder une république, vous suffira-t-il pour que les vents révoltés viennent se renfermer dans votre outre, de dire : *Quos ego...* si vous le voulez, le pourrez-vous ?

XXXIII. Depuis quinze mois, les scènes de la convention auxquelles ils nous ont fait assister, au grand plaisir de ceux qui veulent retremper la France dans ces grands souvenirs, nous ont prouvé que brouillons incapables en affaires, ignorants et présomptueux quand ils sont au pouvoir, ils deviennent capables de tout quand ils n'y sont plus.

Et le jour où pour leur plaire, le gouvernement se ferait montagnard et arborerait le drapeau rouge, ils inventeraient une couleur plus foncée encore, le noir, et un autre terme à cette progression pour ne pas être dépassés dans leurs fureurs.

C'est la démagogie qui a fait le plus d'ennemis à la république ; c'est elle qui la rend impossible.

XXXIV. Le nom de réactionnaire remplace aujourd'hui, dans le vocabulaire des exaltés, celui de *royaliste* et d'*aristocrate* pour exciter à la haine de certaines classes de citoyens.

On traite de réactionnaires tous ceux qui le sont et beaucoup qui ne le sont pas.

Les tendances démagogiques ont fait surgir la réaction, et par contre les démocrates ont fait de la reaction en sens contraire.

Beaucoup d'individus partis du même point, sont allés aboutir aux extrémités opposées, les uns en avançant les autres en rétrogradant.

XXXV. Pour moi je ne connais de *réactionnaires* que ceux qui après avoir déclaré accepter la république conspirent pour s'en défaire ; et en attendant s'en servent comme d'un levier pour remuer l'opinion et arriver à leurs fins ; ceux-là sont des factieux que je désavoue et que le sentiment public flétrit justement.

Est-ce à dire que tous ceux qu'on qualifie de tels le soient réellement?

Quoi ! dans ce siècle de liberté, parce que beaucoup ont une opinion contraire à la votre ;

Parce que beaucoup attendent ce qu'il plaira à Dieu de nous envoyer et regardent le temps présent comme une époque d'épreuve et de transition ;

Parce que beaucoup ont courbé la tête sous le gouvernement qu'on leur a imposé, et ne se sont pas vantés d'être républicains ni du *jour* ni de la *veille*,

Ils sont réactionnaires !

Ils n'ont peut-être pas pour eux la franchise et le courage, mais de bonne foi, y a-t-il de si sanglants reproches à leur faire ?

XXXVI. Quoi ! parce que *30 millions* de citoyens pris au dépourvu n'ont accepté votre république que par crainte et sous bénéfice d'inventaire, laissant au temps ce grand remède de tous maux le soin de régler l'avenir, et qu'en attendant ils demandent à la *connaître*, à l'*aimer*, à la *servir*; et quand déjà vous voulez resusciter 93, quand vos allures sont déjà jacobines, vous vous étonnez qu'ils aient peur, et vous les appelez *réactionnaires* ?

XXXVII. On l'a pensé sérieusement : essayons de la république, éprouvons-la de bonne foi ; au lieu de l'entraver dès son début, de l'étouffer dans son œuf, laissons-la se développer, marcher, faire ses preuves ; prêtons-lui notre appui.

Pourquoi ne pas croire que beaucoup de citoyens que vous appelez *réactionnaires* ne pensent pas ainsi ? Ou est-ce parce qu'ils pensent ainsi que vous les appelez *réactionnaires*? c'est plus probable.

Les traiter de *réactionnaires*, c'est les juger d'après vous-mêmes ; c'est un remords de votre mauvaise conscience ; quand on commet une action blâmable, on veut à tout prix se donner des complices. C'est le sentiment du vrai qui, malgré vous, vous pousse et vous presse, et vous fait écumer ; et pour paraître infiniment grands vous n'avez pas d'autre expédient que de faire les autres infiniment petits ; pour vous faire les idoles du peuple, vous ne savez rien de plus adroit que de poser vos adversaires comme ses adversaires, pour que le peuple en se vengeant vous venge du même coup.

La république *réactionnaire* a relevé le gant que vous aviez jeté à la *religion*, à la *propriété*, à la *famille* ; voilà son plus grand grief à vos yeux.

XXXVIII. Mais que dire, quand le gouvernement lui-même est taxé de réaction,

Parce qu'il a le courage de vouloir la paix et l'ordre avec tous les citoyens qui l'ont élu et que pour la modération il ressemble aux gouvernements qui se succèdent en France depuis 30 ans ?

Est-ce donc un si grand crime ?

A peine proclamé et installé on annonçait qu'il devait être en butte aux coups des deux partis extrêmes ;

Le bruit s'était accrédité que le parti de la droite ne nommait Bonaparte à la présidence que pour le renverser après s'en être fait un marchepied ; que pour *sécher les plâtres*, le mot est proverbial.

Le parti de la gauche n'a fait mentir personne ; quant à l'autre, il a prêté au gouvernement et à la constitution un concours actif et dévoué.

XL. Si les *démagogues* sont au pouvoir, l'opposition est *réactionnaire* ; si les *démocrates* ou républicains purs ont le dessus, ceux qui marchent avec eux sont *réactionnaires*.

Mais la réaction n'est-ce pas un contre-coup, un

mouvement dépendant de l'action, et indépendant des personnes qui ne font que la subir; n'est-ce pas le contraire de l'action?

Enfoncez dans l'eau une boule de liége et relevez la main; la boule remontera.

Une corde trop tendue se casse et réagit cruellement sur celui qui en tient l'extrémité.

L'eau agitée longtemps, tend d'elle-même à se remettre en équilibre;

Enfin une pierre trop lourde pour vos bras, ne retombera-t-elle pas sur vous si vous voulez la soulever?

Voilà la *réaction*.

XLI. Si la majorité est *réactionnaire*, il faut en conclure qu'elle est au contraire dans *l'action*, dans le vrai, et que c'est la minorité qui est *réactionnaire*.

Que si pour être appelé *réactionnaire*, il suffit de s'écarter des principes de la république purement démocratique, les démagogues sont les seuls qui méritent ce nom, car il y a aussi loin de la république que la France a acceptée à celle que vous lui proposez, qu'il y a loin de la démocratie à la démagogie, de la liberté à la tyrannie, de l'ordre à l'anarchie, de la probité à l'escroquerie, de la vérité au mensonge, du jour à la nuit.

Par respect, par pudeur, la France ne se déjugera pas si vite ; elle a pris au sérieux plus qu'on ne pense peut-être, l'élection du 10 décembre.

XLII. Que certains citoyens subissent un mouvement de réaction c'est possible ; mais les accuser d'être réacteurs, c'est dire qu'ils sont précisément aussi coupables que les héros du 15 mai qui, eux aussi n'étaient que des *réacteurs*.

XLIII. Pour ne pas être réactionnaire faut-il s'appeler Ledru-Rollin, Jules Favre, Joly? — ou — Considérant, Proudhon, Lagrange? — ou — Cavaignac, Gondchaux, Bastide?

— ou — Molé, Thiers? — ou — Berryer, Larochejacquelin?
C'est à l'œuvre que l'on connaît l'aptitude et le dévouement,
et personne ne croira que les démagogues aient le monopole
ni de l'un ni de l'autre.

Aussi ces mots faits pour aveugler et soulever les masses
par leur puissance magique et leur intention perfide, creux
et sonores la foule s'en sert sans les comprendre, et ils écla-
tent souvent, comme les bombes entre les mains de ceux qui
les manient.

XLIV. Etre *réactionnaire*, c'est tirer parti de ce qui a ré-
sisté au feu; c'est disputer à la mer les épaves d'un naufrage
avant qu'elle ne les reprenne.

C'est, avec les débris d'un palais détruit par l'ouragan, se
créer un refuge plus modeste.

Vous avez voulu le suffrage universel quand nous n'y pen-
sions pas, est-ce notre faute?

Seulement, nous le voulons encore, intelligent, complet et
sincère, que déjà vous ne le voulez plus.

Est-ce notre faute?

Cette arme avec laquelle vous vouliez nous combattre elle
s'est tournée contre vous; est-ce notre faute?

Que vous le vouliez ou non, c'est là le juge sans appel,
et les bons citoyens s'inclineront toujours devant ses décisions souveraines.

XLV. On accusait Pascal d'être impie. — « Comment cela?
» il prie Dieu matin et soir; il jeûne, il communie, il donne
» la plus grande partie de son bien aux pauvres, — à la bonne
» heure, mais il n'aime pas les révérends pères. — »

De même, pour vous grandes vertus du jour, nous avons
beau crier, *vive la république!* nous montrer affables à chacun, voter dans les élections, monter scrupuleusement notre
garde; nous nous abstenons des plus innocents petits complots; mais nous osons témoigner que la marche actuelle du

gouvernement est bonne ; nous prions Dieu que cela dure ; mais nous n'avons pas oublié 93 et ses horreurs , et nous ne pouvons pas vous digérer : nous ne sommes pas *républicains,* nous sommes *réactionnaires*.

.XLVI. La république peut-elle vivre lorsqu'une poignée de citoyens trop républicains reprochent à tout le reste de la nation de ne pas l'être assez, et que tous les partis qui divisent la France se font une république à leur façon , et ne s'entendent pas entr'eux?

XLVII. Plusieurs partis divisent la France et l'affaiblissent.

Je ne conçois pas qu'en face d'un gouvernement régulier quelconque, on affiche un parti sans être factieux ; et les factions c'est l'ennemi intérieur, c'est un état dans l'état.

Les opinions au contraire sont sacrées et libres.

L'esprit de parti est aux opinions ce que la passion est à la discussion.

Il est de sa nature irrascible, violent, exclusif, despote, inintelligent, fixe, immobile ; il se fait borne.

Les opinions, au contraire, se modifient suivant les circonstances et rendent hommage à la liberté de l'esprit humain.

« *Ne comptez pas sur le cœur et le jugement de l'homme* » *de parti,* dit Bolingbrocke, et plus loin : « *J'ai peine à* » *concevoir qu'il existe de ces monstres que l'on appelle partis.* »

Les opinions révèlent notre participation à la vie commune l'esprit de parti engendre la faction ; il naît du cœur, de la passion, de l'instinct.

Il est aveugle, partial, injuste et intolérant.

L'opinion se forme par la réflexion, l'étude et la comparaison.

Les partis s'affirment par la révolte, les conspirations, les révolutions.

Les opinions, sûres de leur triomphe, restent toujours dans la légalité ; elles avancent lentement mais sûrement par des réformes, et sont prêtes à s'effacer devant l'ordre et la paix menacés, devant l'amour du pays.

XLVIII. Moins les partis sont nombreux, plus ils sont violents ; la passion en exclut la vérité et l'impartialité ;

Ils mettent la patrie après leurs caprices et leurs soi-disant principes.

A ces conditions la république est impossible.

Ces partis sont les socialistes, les démagogues ou exaltés, le parti du *National*, les bonapartistes, les orléanistes, les légitimistes, sans compter ceux qui veulent une royauté quelconque plutôt que la république ;

Au centre se trouvent les républicains honnêtes et modérés : — *Rara avis in terris.* —

XLIX. Les *socialistes, communistes* et *babouvistes* occupent la cime de la montagne dont ils sont l'expression la plus absolue, la plus abstraite, la plus intense, la plus dangereuse par leurs formes mystiques, leurs allures religieuses, leurs sentences philosophiques.

Au moment où ils se posent en antagonisme avec le Dieu du ciel, et qu'apôtres d'une nouvelle religion ils viennent imposer aux hommes un nouveau culte ;

C'est l'anarchie des idées comme la démagogie c'est l'anarchie des pouvoirs ;

Sous le voile de l'amour divin, de l'amour de la société tout entière, c'est l'égoïsme, le scepticisme, le matérialisme personnifiés.

L. « *Trouvez-moi un socialiste qui soit monarchiste, et je me fais républicain,* « disait M. Guizot.

En effet, quoique leurs réformes semblent tendre et se hausser à quelque chose de beaucoup plus relevé que la politique, il est à remarquer que tous ces novateurs sont *déma-*

gogues ; par ces opinions ils ont cru flatter davantage les classes auxquelles s'adressent leurs prédications.

De même les montagnards ou exaltés pour ne pas trop effaroucher leurs partisans se sont déguisés en socialistes ; ils n'en sont que plus dangereux ; c'est Robespierre et Danton devenus bergers, composant des Idylles.

Les montagnards fournissent, prêtent le nombre, la force ; les socialistes la qualité, le raffinement, la séduction.

Ils croient commander ainsi plus d'estime et de confiance ; empruntant l'esprit délié et insinuant du socialiste, ils font passer les exagérations du parti jacobin ; et réciproquement l'audace du montagnard fait au nouveau dieu de nouveaux adorateurs.

Union touchante et digne de porter ses fruits !

A moins, toutefois, qu'ils ne se trompent mutuellement sur le produit de cet accouplement !

LI. Rien de plus éloigné de la république sage et vraie que le socialisme.

Car ce n'est qu'une opposition plus sauvage, plus énergique, joignant les fureurs de la démagogie à la force morale qu'elle emprunte à ses prétendus rapports avec la divinité.

Les socialistes dédaignent leurs frères les montagnards et les regardent en pitié du haut de leurs régions éthérées.

En effet ils seront immortels à la façon des *Erostrate* et des *Attila.*

Ils tendent à faire des hommes de véritables machines et des brutes. Ils visent à détruire le libre arbitre, la faculté de penser, de vouloir, de choisir, et de se déterminer ; cette liberté sacrée innée au cœur de l'homme et qui est imprescriptible.

LII. Socialistes, *il y a deux choses dans vos erreurs : l'impiété qui les rend horribles, et l'impertinence qui les rend ridicules.* (Pascal, *Prov.*)

Le socialisme n'a tant de force que parce qu'il s'adresse aux ignorants; toute sa science se borne à promettre des choses impossibles. C'est un terrible levier pour remuer les masses! C'est un moyen infaillible de réussir à séduire et charmer ceux qu'elle veut perdre, comme ces divinités du paganisme qui sous la forme de feux-follets attiraient les voyageurs dans des fondrières.

Trop heureux le genre humain s'il y avait quelque chose de vrai dans ces utopies! Etre heureux, rendre heureux, c'est le problème que le monde poursuit depuis six mille ans !

LIII. Malheureusement ce sont les socialistes eux-mêmes qui auraient seuls à gagner à leur système; c'est pour cela qu'ils l'ont inventé.

Mais, ou ils n'ont rien, et alors ils sont suspects ; ou ils sont riches, et alors comment n'ont-ils pas expérimenté à leurs frais, sur une échelle quelconque ?

LIV. Au moyen-âge, on disputait et on argumentait; on écrivait des volumes sur des futilités.

Les disputes et la controverse faisaient souvent couler le sang; mais la bonne foi régnait dans l'attaque comme dans la défense; le but était presque toujours louable quoique puéril.

La scolastique était alors aussi loin de la vraie morale, que le socialisme et la démagogie, le sont de la perfection sociale et de la vraie liberté.

Aujourd'hui on est plus rhéteur, plus sophiste, plus disputeur; mais on n'est pas de bonne foi : le but est damnable, et le sang bien moins épargné.

LV. Demandez à Charles-Albert ce qu'il lui en coûte de s'être placé imprudemment entre le coup des idées venues de France et la résistance représentée par l'empire d'Autriche.

Demandez à l'Allemagne elle-même, qui (comme ces dindons qu'on ensorcèle en passant à leur col une feuille de papier, se démènent saisis de vertige, frappés d'un mauvais sort), demandez à cette patrie des penseurs profonds mais fanatiques, si elle entrevoit le terme de ses malheurs !

LVI. Nous sommes encore épouvantés au souvenir de l'horrible tyrannie qui pesa sur la France à l'époque néfaste de la Terreur.

Tacite seul saurait exprimer l'indignation soulevée par tant de crimes ; dans ces temps où l'ami vendait l'ami, où les murs avaient des yeux et des oreilles, *« où l'on craignait de* » *parler, où l'on craignait d'entendre ; où nous serions restés* » *sans mémoire comme sans voix, si l'on pouvait se comman-* » *der l'oubli comme le silence !* »

LVII. — En 89, il y avait ample matière à de sages réformes. Les abus et les priviléges n'étaient plus en rapport avec les progrès de l'esprit humain. Le temps paraissait venu de les extirper, et la France semblait mûre pour une sage liberté.

De la déclaration des Droits de l'homme date cette nouvelle ère.

LVIII. — Mais la France ne tarda pas à devier de ce principe et à se déjuger elle-même ; parce que des hommes l'ont l'ont exploité comme leur chose, qui avaient intérêt à le faire fléchir suivant leurs exigences et qui, d'un grand principe, d'une plante de vie, ont su tirer des fruits empoisonnés, des conséquences mortelles ;

Parce qu'ils l'exploitèrent sans droiture ni pureté d'intention;

Parce que dans ce monument superbe de l'esprit humain, l'élément divin avait été délaissé.

Parce que, comme dans ces mariage qui sont malheureux, dans l'alliance de la nation avec les idées nouvelles, Jésus-Christ n'avait pas été convié aux noces.

Le principe était vicié à sa source par les maximes du *Contrat social.*

Ce vice de l'origine nous l'expions.

LIX. La Terreur s'ensuivit, et après des désastres sans nom, la *démagogie* parut muselée et endormie par la puissante diversion de l'Empire.

Mais l'hydre dormait; elle s'est réveillée.

Nos ancêtres avaient été parcimonieux, même avares à l'endroit de certaines réformes; nos pères, en revanche, ont gaspillé et prodigué ces gâteaux de miel faits pour assoupir l'hydre révolutionnaire; aujourd'hui nous n'avons plus rien à lui jeter, et l'hydre n'est pas assouvie.

La révolution se continue.

La démagogie poursuit son œuvre de démolition.

Nous avions pu croire que l'édifice serait seulement abaissé de l'étage supérieur; d'étage en étage on descendra jusqu'aux fondements que l'on rasera.

89 a frappé l'aristocratie de naissance; elle est tombée sous la hache révolutionnaire; la bourgeoisie regardait faire alors.

LX. Aujourd'hui c'est à la bourgeoisie que l'on en veut; c'est pour elle que se prépare la nouvelle terreur, et il ne manquera pas de prétextes : trahison, intelligence avec l'étranger, réaction, manque de patriotisme, retrait du numéraire, etc., la peur même tournée à crime.

Autrefois c'était un crime de posséder; aujourd'hui c'est un crime d'acquérir et de conserver.

Après la bourgeoisie, ce sera le tour de ceux qui la suivent immédiatement, et ainsi de suite, jusqu'à la crapule, jusqu'aux vagabonds, jusqu'aux galériens, qui, dans ceux qui vaudront mieux qu'eux, verront des aristocrates, et quand tout sera détruit, celui à qui il restera un morceau de pain sera un riche pour celui qui n'en aura plus.

LXI. — Les démagogues ont mis la société en coupe réglée. Ce sont d'abord les hôtes séculaires de la forêt qui sont tombés sous leurs coups; puis ils ont jugé que tous les vingt ans il y aurait des sujets bons à être abattus. L'époque arrivée, ceux qui élèvent leur tête au-dessus de l'ombre, ils les marquent et les désignent pour la coignée.

Ce sont les conséquences du même principe ;

Ce sont les épisodes d'une même et sanglante épopée ;

Ce sont les produits des doctrines démagogiques accouplées aux maximes socialistes.

Il appartenait au mensonge incarné de couronner l'œuvre révolutionnaire ; c'est sa dernière expression ; c'est le fruit, lorsque le jacobinisme le plus outré n'était que les fleurs.

Jusqu'à quand cette menace terrible restera-t-elle suspendue sur nos têtes ?

LXII. Voilà ce que devient le meilleur principe dans des cœurs corrompus et sans droiture.

Ceux qui combattaient autrefois pour leurs priviléges y ont noblement renoncé.

Ceux qui étaient fiers d'une longue suite d'aïeux reconnaissent loyalement *que ce n'est qu'une obligation pour eux de s'en rendre dignes ;*

Et quant à ces titres qui ne représentent rien aujourd'hui, et ne doivent pas faire ombrage au peuple, ils dénoncent des devoirs plus que des droits, pour ceux qui s'en parent.

LXIII. Aujourd'hui, par une contradiction et un mouvement tout naturel pour qui connaît le cœur humain, on condamne les titres de noblesse, les priviléges, mais on se pare de titres de *régénérateurs de la société*, on s'applique le brevet patenté de *sauveur de la patrie*.

On méprise souverainement les richesses : mais on en promet avant longtemps à tous ceux qui n'en ont pas.

On proscrit l'aristocratie, mais on exalte le cynisme et on prêche la croisade contre la majorité des citoyens.

On chasse le maître et l'on s'installe dans ses palais et ses carosses. Rien n'est changé que le nom, les choses restent les mêmes.

Déployez-vous du luxe? vous insultez à la misère publique. Vous la défiez? *vous êtes de mauvais citoyens.* Vous renfermez-vous dans la simplicité et les goûts modestes? vous trahissez le pays, vous cachez votre or, vous empêchez le retour de la confiance. C'est un plan, une conspiration, *vous êtes de mauvais citoyens.*

Ce n'est pas aux honneurs, aux emplois, aux titres, aux richesses que vous voulez du mal; vous en voulez à ceux qui les possèdent, pour vous en parer à votre tour.

Ainsi va le monde; triste enseignement! ainsi s'entendent et se pratiquent l'égalité, la liberté, la fraternité : mensonges cruels dans la bouche de ceux qui les invoquent sans cesse !

LXIV. Parce que le dernier homme du peuple est autant que moi, de quel droit se croit-il meilleur que moi?

Pourquoi voudrait-il s'imposer et commander ?

Pourquoi la *kakistocratie* au lieu de *l'aristocratie?*

Est-ce meilleur, plus juste, plus selon l'esprit de Dieu? Est-ce une compensation, une vengeance? alors, fixez-en le terme et expliquez-vous.

Pourquoi cette interversion, ce renversement de l'ordre des termes? Pourquoi la tyrannie d'en-bas, plutôt que la tyrannie d'en-haut?

LXV. Pourquoi le niveau partirait-il de votre tête plutôt que de la mienne?

Cette âpreté, cette ardeur à vouloir vous élever, primer, dominer, unique but de toutes vos ambitions, n'indique-t-elle pas qu'il y a encore des castes, des classes, des rangs que vous voyez, quand personne ne s'en souvient plus.

LXVI. Oui, la démagogie, cette ennemie mortelle de la république poursuit son œuvre flanquée de ses acolytes.

Quand trois termes sont donnés dans une proportion, il faut accepter le quatrième comme acquis.

Quand une ligne commence à dévier, il est facile de mesurer l'écartement à une distance et dans un temps donnés.

LXVII. Il est facile de prévoir le chaos quand nous voyons :

Le *droit au travail* proclamé par ceux qui ne veulent pas travailler ;

L'*abolition* de la *propriété* prêchée par les gens criblés de dettes et qui n'ont rien à perdre ;

L'*abolition de la famille*, par ceux que la famille gêne dans leurs déportements ;

L'*abolition de la Religion*, par ceux que leur mauvaise conscience pousse à nier la Divinité, à tout armer contre elle, et peut-être à vouloir se mettre à sa place.

LXVIII. Dans cet édifice social dont vous avez fait une nouvelle *Babel*, ouvriers qui prétendez élever notre République, quand l'un demande de bonnes lois, un pouvoir fort, vous lui apportez la méfiance, les tracasseries, l'embarras, l'opposition systématique.

Quand la France veut la paix, vous lui proposez la guerre : quand le trésor est épuisé, vous votez des réductions d'impôts ; quand les ouvriers demandent du pain, vous leur offrez vos théories et vos rêves ; quand tous cherchent le calme pour continuer à vivre, reprendre leurs affaires, vous faites appel aux plus mauvaises passions, à la haine, à l'envie, à la discorde ; enfin, quand on réclame une égalité réelle, vous prenez une file de cadavres sans têtes, et vous dites : *Voilà des hommes égaux ;* votre édifice construit dans de telles conditions serait-il durable ! Avez-vous donc oublié le *Nisi Dominus œdificaverit domum*, etc. ? Avez-vous cru un seul instant à la sagesse humaine ?

LXIV. Pour me résumer et en finir avec ces gens fléau de la république et de la société, je dirai qu'ils sont violents, exclusifs, haineux, sans talent, sans patriotisme, détestant le pouvoir sous quelque forme qu'il se montre, parce que le pouvoir soutient l'édifice social en servant de lien au faisceau de ses divers éléments; s'ils lisaient l'histoire, ils sauraient qu'un peuple n'est jamais plus près d'être asservi que quand il veut se mettre au-dessus des lois et se livrer à tous les excès ; jamais il ne mérite plus d'être esclave que quand il prêche la licence.

Je dirai qu'eux seuls suffisent pour empêcher d'aimer la république, car ils ne sont pas faits pour la rendre aimable.

LXX. Il ne faut pas que dans une république on puisse trouver des gens assez dénués de pudeur, assez anti-français, pour tirer parti, en faveur de leurs doctrines, des revers ou des fautes de leur patrie, les exploiter, s'en réjouir; les crier bien haut, ici, et à l'étranger, pour que l'univers soit témoin de leur honte. Cela se voit de nos jours.

N'est-ce pas le comble de la dégradation, de l'ignorance et de l'aberration d'esprit ! Cela seul peint notre époque et annonce la fin qui est réservée à une nation si peu jalouse de sa gloire.

Nous avons dépassé 93; les montagnards de cette époque ne spéculaient pas sur notre faiblesse, ne se glorifiaient pas de notre honte, ne s'élevaient pas sur notre abaissement.

C'est le délire de l'orgueil blessé qui veut à tout prix, même à celui du sang, donner gain de cause à ses odieuses utopies.

Il n'appartient qu'à ces gens-là de proclamer que l'on peut dans certains cas renier son pays; que l'amour de la patrie est une faiblesse; de dire : Périsse la France plutôt que nos rêves pour le bonheur de l'humanité ! Périsse la France plutôt que la république; et si la majorité n'en voulait pas, la minorité devrait se soulever et l'imposer de force : cela s'est dit.

LXXI. Je comprends la monarchie, je comprends la république ; mais ce qui me passe c'est le spectacle de l'anarchie, du mensonge, de l'audace, et que la France entière dans cette *suprême loi de son salut,* ne se lève pas pour prendre un grand parti contre ces enfants dénaturés qui déchirent son sein. Si ces gens-là m'accusent de passion, je leur dirai avec Pascal : « Laissez la France en paix, je vous y laisserai de » bon cœur ; mais pendant que vous ne travaillez qu'à y en- » tretenir le trouble, ne doutez pas qu'il ne se trouve des » enfants de la paix qui se croient obligés d'employer tous » leurs efforts pour y conserver la tranquillité. »

A part les maux qu'ils attirent sur leur patrie,

L'esprit de propagande qui pousse des milliers de missionnaires de l'erreur à aller pervertir les nations, sera pour notre jeune république une occasion de graves embarras et de guerres cruelles.

Ces gens-là ne sont pas la république.

LXXII. Après ces modèles viennent les républicains du *National,* terme consacré pour désigner les partisans de ceux qui ont tenu quelques mois les rênes de la France.

A l'exception de leur chef, le général Cavaignac, homme *probe, modéré, courageux* et *capable,* le reste n'est qu'une coterie qui aspire sans cesse à reprendre la position qu'elle a perdue.

Beaucoup d'entr'eux voudraient l'ordre et le respect aux lois ; seulement soit faute de s'entendre sur les moyens, soit accointances, faiblesse, respect humain, engagements pris, ils ont dû quelquefois transiger, ce qui est toujours fâcheux ; tantôt modérés, tantôt violents, suivant les circonstances, et voulant donner des gages aux deux partis extrêmes, ils sont tombés en suspicion, par ces motifs mêmes, auprès d'eux, et personne ne leur sait gré de certaine modération qui n'est que d'emprunt et de commande.

LXXIII. Ambitionner le pouvoir sous la république est un grand crime, car on n'y arrive jamais sans secousses et perturbation ; et c'est là qu'ils visent.

Leur opposition est moins violente dans la forme, plus digne en son expression, plus mesurée ; mais elle n'en est pas plus franche ; ils gardent un certain décorum, trace de ce pouvoir qu'ils ont revêtu quelque temps et qui a déteint sur eux, espérant le reconquérir ; s'ils ne veulent par trop le rabaisser et le déconsidérer, c'est pour eux qu'ils travaillent ; et le pays ne doit pas leur savoir gré de ne pas effaroucher ceux qu'ils aspirent à dominer, plus jaloux en cela de sauver les apparences que les terribles montagnards leurs voisins.

Tout cela n'est pas la république.

LXXIV. Puis les bonapartistes, parti fanatique de l'ordre, comme but et comme moyen, même aux dépends de la liberté.

Ils se sont fait de l'ordre une idée fixe et croient que pour y parvenir nous ne serons bien gouvernés que par le sabre ; ils ne voient rien en deçà ni au-delà des grandes conquêtes de la France, sans songer à ce qu'elles ont coûté et à ce qu'elles sont devenues, dignes d'aller de pair avec ces vieux militaires types qui voient tant de prétendues gloires et oublient tant de revers réels !

Je ne sais s'ils rêvent une restauration impériale ; ce serait en tout cas bien opposé à la république la plus modérée ; cependant peut-on de bonne foi concevoir un parti qui voulût continuer le système napoléonien, arriver par les mêmes phases au même dénouement avec ses gloires désastreuses, ses richesses ruineuses, ses mécomptes, ses déceptions et par dessus tout la mort de la vraie liberté !

Tout cela n'est pas la république.

LXXV. Avec ceux-ci, les orléanistes, parti monarchique de juillet — qui regrettent moins le principe — qui n'existe pas ou qui leur fait peu d'honneur — qu'une position tout acquise dont ils sont tombés par leur faute, et pour la France un état de prospérité *matérielle* inouïe jusqu'alors, mais qui n'a pas peu contribué à l'émousser, à l'énerver, à l'abâtardir et à la corrompre.

Aussi n'y a-t-il dans ce parti que des convictions de convenances particulières, et aucunes sympathies de cœur pour cet ordre de choses bâtard et boiteux, pour cette *monarchie bourgeoise, cette meilleure des républiques*, pour ce principe faux depuis la base, qui, quoi qu'on ait dit, avait tous les inconvénients de la royauté et de la république, et pouvait au plus convenir comme garantie d'ordre et de paix, mais non flatter l'amour-propre national.

Il a péri par son principe.

Il y a dans ce parti beaucoup d'égoïstes, de roués, de gens à argent, de gens d'affaires, de Voltairiens.

Qu'ils gardent leurs opinions ; mais s'ils conspirent, ils ont tort.

Tout cela n'est pas la République.

LXXVI. Il y a encore le parti des légitimistes consciencieux et modérés, qui voient dans le principe d'hérédité une garantie de paix et en même temps de grandeur pour la France ; qui ont un culte pour la royauté, mais ne conspirent pas pour hâter son retour ; et attendent dans le respect des lois et l'amour de leur pays que la France s'explique librement, et que la volonté sacrée de la majorité du peuple s'impose sans secousses.

Je ne prétends pas condamner non plus ceux à qui les liens de la reconnaissance, cette mémoire du cœur, rappelle la famille que la France a exclue du trône en 1830. Que ses bienfaits aient attachés les uns ; que ses malheurs aient touché les autres ; que beaucoup enfin habitués à vivre par eux et près d'eux aiment et révèrent leur caractère franc, loyal, généreux ; c'est tout simple, et je serais le premier à stigmatiser l'ingratitude,

LXXVII. Il y a des légitimistes exaltés qui veulent ce que veulent les autres ; seulement ils le veulent à tout prix et c'est pour d'autres fins.

Leur culte devient du fanatisme ;

Rien n'égale leur légéreté, leurs intrigues, leurs inconsé-quences ; eux aussi veulent comme les montagnards faire prévaloir leur principe par tous les moyens, même par les baïonnettes étrangères ; eux aussi tourneront le dos au roi le jour où il lui plaira de faire quelque concession et l'appelleront *jacobin.*

Ils blâment hautement Louis XVIII de sa charte, et de la monarchie ils méprisent tout ce qu'ils ont vu de leur temps et ne regrettent que ce qu'ils ne connaissent pas.

Volontiers ils se tiendraient pour plus royalistes que le roi lui-même ; de même qu'il y a des gens plus dévots que le bon Dieu, et qui n'acceptent pas les dispenses de l'Église.

Pour eux, le nom seul de républicain est une injure, un outrage.

La république pour eux c'est l'incarnation du mal ; tant à cause des souvenirs lugubres qu'elle évoque devant eux, que parce qu'elle est incompatible avec la forme du pouvoir qu'ils rêvent.

Au lieu d'être les hommes d'un principe, ils sont les hommes d'un individu et réduisent la question à ces proportions mesquines.

Malgré leurs vertus chevaleresques et leurs hautes qualités, ils frisent l'égoïsme en mettant une certaine gloire à rester impassibles au milieu de la tourmente et ne tournent la tête que pour regarder si le flot ne leur ramène pas l'élu de leur cœur.

Ridicules parfois et excentriques, ils ne sont jamais odieux ; eux et les montagnards sont les deux extrémités de la chaîne ; exprimant les uns l'anarchie, les autres le fanatisme du pouvoir ; tous sont prêts, en sûreté de conscience à tout entreprendre, ceux-ci au nom du pays, ceux-là pour Dieu et le roi.

Tout cela n'est pas la république.

LXXVIII. Enfin il y a beaucoup d'indifférents qui veulent avant tout *conserver* et *vivre*; qui ne voient dans de nouveaux changements que de nouveaux malheurs ;

A qui il importe fort peu de servir la monarchie ou la république, pourvu que la France soit tranquille et qui ne font rien pour cela ;

Qui acceptent toujours le fait accompli, et qui sans avoir recherché ni désiré la révolution de février, que dis-je, la maudissant en tant que révolution, seraient prêts à maudire de même toute tentative nouvelle de révolution au profit de tout autre ordre de chose ;

Personnes qui par nature, tempérament ou habitude sont toujours disposées à donner au pouvoir quel qu'il soit un bill d'indemnité. Essentiellement *gouvernementales*, elles préfèrent être mal gouvernées à ne pas l'être du tout, et quant aux fautes de l'autorité, si elle en commet, elles les rejettent toujours complaisamment sur les distractions, les préoccupations, les difficultés et les embarras qu'on lui suscite, ou la justifient en xertu de sa bonne intention.

Certes ce travers, cette faiblesse d'esprit n'engendreront pas, du moins, des brouillons et des séditieux.

LXXIX. Et à côté comme correctif, si je puis m'exprimer ainsi, n'y a-t-il pas aussi ces hommes pour qui toute initiative de l'autorité est un empiètement ;

Toute proclamation , un appel aux passions ,

Toute mesure de vigueur, un abus de pouvoir,

Tout acte de rigueur, de l'injustice et de la cruauté ?

Hommes avec lesquels il est impossible de gouverner, sévères pour la société qu'ils déciment dans les émeutes, et pleins d'une tendre commisération pour les coupables sous la main de la justice ?

Triste compensation à un mal qu'un mal plus grave encore !

LXXX. Que reste-t-il donc pour la république sérieuse pour la république dont la formule a été développée par la constitution de 1848 ?

Un appoint bien faible, il faut l'avouer.

De sorte qu'en république, nous aurons de tout, moins des républicains.

LXXXI. S'il y a un état sous lequel le pouvoir doive être fort, c'est la république ; parce que l'obéissance et le respect aux lois dont il est l'exécuteur et le dépositaire, est le premier des devoirs ; parce que jamais la loi ne doit être plus inflexible que sous ce régime, et que le prestige que la royauté donne au pouvoir, l'amour et le dévouement qui souvent entourent le monarque, doivent être remplacés par le sentiment du devoir chez les uns, par la crainte chez les autres.

Sous la république, la sévérité suppléera-t-elle au respect et au prestige ?

Ne diminuera-t-elle pas au contraire l'affection du peuple ?

Si tous ceux qui composent un état étaient des gens de bien, la tâche du pouvoir serait douce ;

Mais l'impatience et l'inquiétude sont telles, que le pouvoir sera toujours trouvé tyrannique par quelques personnes ; et il ne serait au goût de celles-là, que pour devenir intolérable pour la grande majorité des citoyens.

LXXXII. Que le pouvoir soit monarchique ou républicain, les citoyens auront toujours les mêmes obligations envers la patrie, et les gens de bien n'auront rien à redouter de la force du pouvoir.

Les anarchistes au contraire voudront l'abaisser sous quelque forme qu'il paraisse, parce qu'ils n'en veulent d'aucune sorte.

La haine que les démagogues et les exaltés portent au nom du roi, ils la portent également à celui de président, consul, dictateur, directeur, etc. ,

Parce que ne pouvant atteindre la loi, ils poursuivent ceux qui en sont dépositaires.

LXXXIII. Le principe divin dans le pouvoir est hors de doute. De tout temps, les chefs des peuples ont eu recours à l'intervention de la divinité pour faire accepter leurs lois : voyez Moïse, Numa, Mahomet, etc. Ils les entouraient ainsi de plus de force, de considération, de respect, de durée.

LXXXIV. Le pouvoir que certaine partie du peuple, dans les moments de crise, s'est laissé enlever par ces gens qui sont devenus son idole, n'a pas tardé à être abaissé et déconsidéré entre leurs mains ; le lendemain, l'idole était précipitée et brisée, parce qu'on n'est l'idole du peuple qu'à la condition d'être son jouet.

Ainsi les Gracques, Masaniello, Cola da Rienzi, Jean de Leyde et tant d'autres.

Toutes ces idoles du peuple ont été despotes.

La mobilité de la multitude égale celle des flots de la mer ; tour-à-tour elle rejette et attire à elle les mêmes objets : ce n'est donc pas sa faveur qu'il faut briguer, et ses embrassements perfides causent souvent la mort.

LXXXV. La plus grande force du gouvernement consiste dans la considération et l'autorité de l'exemple.

C'est une adroite politique que la droiture.

C'est un gage de paix que le vrai sentiment de l'honneur national. Ainsi le pouvoir se relèvera. Autrement, pas de république possible.

LXXXVI. On a employé plusieurs moyens de gouvernement :

Les Vénitiens excluaient le peuple de l'armée ;

Sparte et la Chine fermaient leurs portes aux étrangers ;

Le Japon et le Paraguay monopolisent le commerce ;

Napoléon se lançait dans les conquêtes ;

Enfin, en Turquie, en Russie, en Angleterre, le pouvoir temporel est chef de la religion.

Aucun de ces moyens ne peut nous convenir et ne relèvera le prestige de l'autorité que nous avous démolie pièce par pièce.

LXXXVII. Pour se mouvoir sur l'eau, sans le secours d'un milieu supérieur qui est l'air, il faut de grands efforts.

Diriger un ballon dans l'air est presque impossible, parce que le milieu où il vogue l'emporte avec lui dans son propre mouvement, suivant son caprice.

LXXXVIII. Les hommes avaient reconnu que pour être gouvernés, il leur fallait recourir à quelque chose *hors d'eux* et *au-dessus d'eux*, et ils s'adressèrent à la divinité.

La personnification de la divinité, à leurs yeux, fut un chef puissant et juste, qui, lors-même qu'il était tiré du milieu d'eux, recevait de la consécration de la religion, du respect dont on l'entourait, un grand prestige auquel se joignaient encore la pompe et la majesté qui l'élevaient au-dessus de tous, et le séparaient, à partir de son élection, *du milieu* où vivaient les autres hommes.

Nous, au contraire, nous nous sommes complus à démonétiser le pouvoir, à le rendre prosaïque, vulgaire, trivial, et par conséquent faible et abaissé. Que beaucoup de gens mettent la main sur la conscience et déclarent s'ils n'ont pas, en nous donnant la république, espéré que le pouvoir baissant de quelques échelons, leur serait, par cela seul, rendu plus accessible.

LXXXIX. Sans parler de nos mœurs légères, de notre mollesse, de notre esprit incapable de profondeur et de suite, de notre haute immoralité qui fait de nous des esclaves du Bas-Empire, j'ajouterai que la conscience publique est pervertie; la France est comme ces boussoles qui, sous l'influence de la tempête imminente est folle, indifférente, tourne à toutes les aires de vent, et ne s'arrête plus au nord.

Nous n'avons plus de foi d'aucune sorte : cette pudeur de l'esprit s'est perdue par l'habitude du dévergondage des opinions, et la manie de tout expliquer.

Sans la foi dans la force de notre pays, dans ses destinées, dans son étoile, dans l'humanité tout entière, dans ceux qui gouvernent, nous sommes perdus, politiquement parlant.

(La foi va toujours avec l'espérance et l'amour.)

Quels que soient les excès et les exagérations du bien et du mal, — si je puis m'exprimer ainsi, — il vaut mieux qu'ils soient produits par l'excès de foi que par le scepticisme ou l'indifférence, car le froid c'est la mort.

XC. Alexandre-le-Grand voit au fond de la coupe qu'on lui présente, d'un côté le salut de son armée, la gloire de son empire, la conservation de sa santé; de l'autre le poison que lui dénonce un écrit anonyme ;

Mais il croit à sa destinée, au dévouement de Philippe, il croit à l'homme en général, et entre la délation et la coupe, il choisit la coupe et il est sauvé! *voilà la foi!*

XCI. La foi politique est comme la foi religieuse.

Les esprits superbes qui veulent tout discuter, tournent au matérialisme politique et ne laissent aucun mérite à l'homme, en même temps qu'ils leur ôtent tout intérêt. Machiavel rend mon idée.

Négligée, la foi meurt; dans des têtes trop ardentes, elle produit le fanatisme politique; aussi bon pourvoyeur de l'échafaud que le fanatisme religieux l'a été des bûchers du XVIe siècle.

L'un pour le plus grand bien du pays, l'autre pour *la plus grande gloire de Dieu*.

Avec ces excès en moins ou en trop, la machine politique ne peut pas fonctionner régulèrement ; ou elle languit, le fen s'éteint, elle s'arrête ; ou elle a la fièvre, se lance aveuglément et se brise.

XCII. Quant à notre foi religieuse, on lui rend hommage en en empruntant les dehors, mais voilà tout.

Qui se laisse imposer par notre *religiosité* officielle ?

Cet empressement à appeler le clergé à bénir les arbres de la liberté, à célébrer les pompes du culte en plein air, à se prêter avec complaisances aux caprices du peuple souveraiu dans ces fêtes au grand soleil : ce n'ést ni de la religion ni de la vraie piété.

Je me défie beaucoup de la charité et de la pitié officielles.

Ce petit triomphe annonce que les uns reconnaissent le besoin de religion, et que les autres croient y voir la consécration d'une nouvelle religion de l'Etat, *de fait* si non de *droit ;* des gages donnés à l'esprit de concorde et de conciliation ; le principe du *gouvernement de fait* : tout cela explique jusqu'à un certain point la docilité de ses ministres à se prêter à ces exigences ridicules.

XCIII. Que cette complaisance ne dégénère pas en faiblesse et en lâcheté ; le schisme serait au bout.

En 90, les marches de l'autel de la patrie étaient couvertes de 300 prêtres et lévites pour la fête de la fédération ; l'année d'après, le serment civique du clergé occasionnait un schisme qui dut naissance *à ceux qui voulant raffermir la Religion dans l'Etat cherchaient à la mettre en harmonie avec les lois nouvelles*. (Thiers.)

Quelques années plus tard, nous assistions aux fêtes de la raison et de l'*Être suprême*.

XCIV. Toutes les républiques sont ingrates par avarice, par jalousie ou par crainte.

En France, il n'y a pas d'avarice; mais à la jalousie et à la crainte s'ajouteront sa légèreté naturelle et l'oubli des services rendus. L'histoire de tous les peuples en fourmille d'exemples; et même de nos jours, si quelque citoyen domine la foule et s'élève par de véritables services, il est bientôt victime de l'ignorance du bien et de l'envie; d'autant plus digne d'éloges, que la jalousie et la crainte toujours déguisées sous le nom de *bien public* réduisent sa récompense au seul témoignage de sa conscience; témoignage flatteur sans doute, mais qui n'est pas un mobile suffisant sous un régime qui, par sa nature est plein de crises, d'émotions, de hasards, et où il faut à la patrie des milliers de citoyens prêts à se sacrifier pour elle, tant ils s'usent vite par le temps où nous vivons.

XCV. Un des plus grands dangers que court une République comme la nôtre est celui des coups d'État militaires.

L'antagonisme des pouvoirs entr'eux les poussera toujours à se servir de cette *dernière raison.*

La désastreuse disposition qui investit le président de l'Assemblée nationale du droit de réquisition sur toutes les troupes de la capitale et des départements, s'il lui en prend la fantaisie, confond et brise toutes les traditions de la discipline militaire; c'est une source de méfiances, de conflits, de tiraillements dont les dangers peuvent être incalculables. Avec elle, le président n'est plus le chef de l'État.

Qu'une révolution s'opère dans l'assemblée, que par une cause quelconque, la minorité s'impose à la majorité, change son bureau, et fasse des actes de souveraineté ; la majorité demande main-forte au gouvernement, c'est-à-dire au pouvoir exécutif, pendant que le président de l'assemblée paralyse ses dispositions en sommant les troupes d'obéir à elle seule. Qui sera juge la légalité? Le pouvoir exécutif qui voudra et devra intervenir; et que peut-il sortir de ce chaos du droit et du fait où les bayonnettes et les représentants du pays seront en cause? Le pouvoir exécutif aura plus de chance d'être obéi par des soldats qui ne connaissent que leurs chefs ; mais à la suite d'ordres méconnus, de rivalités, d'échecs successifs, de tiraillements, de petites rancunes aigries chaque jour, un mouvement militaire peut changer violemment le gouvernement établi, et confisquer les libertés publiques.

XCVI. Si ce danger est à craindre lorsque notre armée est encore l'orgueil de la France, il est bien plus à redouter et dans un sens contraire, depuis que les *socialistes* ont entrepris de la démoraliser et de la désorganiser.

L'armée! seul rempart de l'ordre, qui parle avec des faits, et non avec des mots comme nos avocats.

XCVII. Qu'est-ce que *républicaniser* et *socialiser* l'armée?

Que sera-t-elle sans la discipline, sans le prestige de ses chefs, quand avec ses clubs et son opposition elle viendra entraver la marche des affaires?

Comme les soldats de Cromwell, nos soldats ne parleront plus que par sentences et paraboles, et ne se battront que des versets de psaumes à la bouche.

De la sauvegarde de la France, de son *palladium*, du seul refuge qui restât encore de quelque honneur, de quelque foi, de quelque espoir de salut et de conservation, vous en voulez faire un ennemi pour la France, et un ennemi armé !

XCVIII. Comme si nous n'avions pas en perspective assez de désastres !

L'armée! dont la rectitude n'avait pu jusqu'ici être déviée, mise en défaut ni égarée,

Qui avait prouvé son abnégation, en ne s'appliquant pas le profit du désordre général ; sa magnanimité, en ne gardant pas rancune à ceux qui l'avaient si mal traitée en février.

L'armée qui avait combattu en juin avec un courage si mesuré, avec une colère si calme ; qui depuis sa rentrée à Paris partage son pain avec les indigents ; et dans toutes les villes de France est constamment à la tête de toutes les œuvres de bienfaisance et prouve, malgré son peu de ressources, combien est puissant et riche l'esprit d'ordre et de charité, partout où il y a une famille à consoler, une larme à sécher ;

La première dans les flammes ou au sein des flots, payant sans cesse de sa personne, et jusqu'ici préservée des doctrines empoisonnées,

Parce que vivant dans un autre milieu que nous, elle n'était pas soumise aux mêmes influences.

L'armée qui conservait plus de droiture, plus d'esprit public, plus d'empreintes de nos mœurs nationales,

Parce que façonnée de longue main à la discipline et au respect des lois, elle en recueillait les fruits, et paraissait destinée à garder à notre pauvre France avec ses traditions, le berceau de sa nationalité.

Eh bien ! ils la flairent, ils la convoitent !

XCIX. C'était la partie saine de l'arbre de notre nationalité ;

C'était la réserve sur laquelle comptait le pays pour se refaire ; le dernier appui du pouvoir ; la dernière crainte des démagogues ;

C'était l'exemple vivant de ce que peuvent l'esprit de patience d'ordre et de méthode ;

C'était le triomphe des idées conservatrices sur les idées subversives !

Ce milieu préservatif et *non conducteur*, c'est la discipline.

C. Le jour n'est pas loin où la delation et l'espionnage y seront à l'ordre du jour, véritable dissolvant politique, destructif de toute union sociale.

Compte maintenant, noble armée, compte sur l'enthousiasme et les contorsions des socialistes pour te souffler de saintes colères devant l'ennemi, pour remplacer la chaleur de l'amour de ton pays : dorénavant, c'est dans les clubs que tu iras prendre tes inspirations, et discuter les ordres de tes chefs ; que tu décideras, si l'ennemi que tu as devant les yeux est digne de ta haine ou de tes sympathies ; si ce n'est pas un sacrilége que de l'attaquer, et si le pouvoir qui t'envoie n'est pas ton ennemi lui-même.

En faveur de leurs bonnes et saintes intentions, tu absoudras ces frères dévoués à la cause des nations qui à l'étranger t'écrasent sous les pavés et les balles, au nom du bonheur général dont ils se sont fait les missionnaires.

CI. Jamais la république ne pourra durer avec une garde nationale organisée comme la nôtre.

Le grand vice est dans les élections, dans le défautde dis ciple, et dans la présence simultanée de deux armées l'une bourgeoise, l'autre de ligne.

Dans une république, tout citoyen doit être soldat et traité comme organisée tel sous les drapeaux.

C'est à la France à juger si ce régime lui convient.

CII. Dans la garde nationale, les chefs sont le plus souvent nommés sans aucune instruction militaire, pour leur bonne grâce à endosser l'uniforme et à porter une épaulette dorée.

Dans ces élections, la cabale fait réussir celui qui a groupé autour de lui un parti, une petite cour, à cause de ses opinions politiques, de ses principes en matière même de garde nationale.

Les choix sont faits et arrêtés par les électeurs les plus équivoques ; ce qui donne la mesure du mérite des chefs produit de ces élections.

Ils sont faits dans un but de pique, de vengeance, de défi au gouvernement ou à l'autorité municipale ; traitant en cela une chose très-grave comme un jeu d'enfant.

CIII. Elle mentira donc souvent à son principe, qui est de sauvegarder les lois, et de défendre et protéger la patrie.

De plus, soit inexpérience, soit faiblesse, elle trahira souvent les vrais intérêts de la société et ceux de l'ordre menacé.

Souvent, sous prétexte de prendre la défense du faible contre le fort et par manie d'opposition, elle défendra le fait contre le droit, et mettra de l'amour-propre à suivre ses propres impulsions au mépris des ordres de l'autorité.

Ainsi, elle sera amenée à pactiser avec le désordre au lieu de le réprimer.

CIV. Dans les grandes questions politiques, elle sera divisée en deux ou plusieurs camps ; la discussion empruntera à leurs armes un caractère plus grave et peut-être sanglant, et s'il fallait combattre l'émeute, — à part l'entraînement et les défections produits dans le parti de l'ordre par certains chefs eux-mêmes, il y aurait encore lieu de craindre que leurs armes ne se tournassent les unes contre les autres.

Les corps armés ne doivent pas discuter.

Le garde national revêtu de son uniforme, c'est le citoyen armé ; c'est un soldat.

Le citoyen qui discute fait de l'opposition et règne comme 1/36 millionième de souverain.

Abdiquera-t-il son droit, ses instincts pour son devoir ? fera-t-il taire l'opinion du citoyen quand le garde national sera convoqué ou requis par l'autorité municipale, —supposé encore que l'autorité municipale veuille faire son devoir ? — Le citoyen ne se trouvera-t-il pas en contradiction avec le soldat, et n'y a-t-il pas quelque chose de très-grave dans cette éventualité d'être placé toujours entre son devoir et ses sympathies !

CV. La république répudiera-t-elle tout le passé de la France ? Ce n'est qu'à la condition de faire oublier, en faisant mieux, tout ce qu'elle a fait de grand sous la monarchie.

(81)

Mais, pourrons-nous perdre le souvenir de cette longue suite de siècles? renierons-nous nos aïeux? Nos traditions nationales ont laissé en nous une empreinte que nous feignons de méconnaître, et les grands règnes de *Charlemagne*, de *saint Louis*, d'*Henry IV* et de *Louis XIV* nous rappelleront toujours ce que nous devons à nous-mêmes et à notre passé.

La première monarchie chrétienne, la fille aînée de l'Eglise, l'arbitre de l'Europe ne sera pas réduite à se trouver heureuse d'imiter les E. U. de l'Amérique du Nord, ou ce ne sera qu'un pis aller.

Hélas ! ceux qui nous y poussent ne sentent donc rien dans leur cœur !

Pourquoi sont-ce toujours ceux qui n'ont pas d'antécédents qui font bon marché de ceux des autres? de même que le plus pauvre voudrait en remontrer à Sénèque sur le mépris des richesses !

CVI. On s'est demandé souvent si la forme républicaine était le premier ou le dernier état d'un peuple ; son principe ou sa fin. Bonaparte a dit qu'*on ne fait |pas des républiques avec de vieilles monarchies.*

Il faut reconnaître par de nombreux exemples que la forme républicaine est ou doit être le principe de la vie politique des peuples et l'on s'en rend raison.

Alors les peuples sont dans toutes leurs forces ; les mœurs sont fières et rudes; la mollesse, l'indifférence, la paresse et le luxe ne tiennent pas la place de l'énergie, du courage, du dévouement, du travail et de la simplicité; alors tout citoyen participe activement et directement aux affaires de tous; première condition d'une bonne république; tandis que plus tard les peuples dégénérés et abâtardis trouvent plus commode de déléguer leurs pouvoirs.

CVII. Il y a un dogme invoqué par les anarchistes et les

démagogues, détestable doctrine, qui, seule, peut tuer non-seulement la république et tout autre gouvernement, mais la société tout entière. Ils le savent et l'exploitent en conséquence.

C'est qu'avant les lois, qu'*au-delà* et *au-dessus* de toutes les lois, il y a des droits imprescriptibles et inaliénables dont la conscience est le seul juge.

Ce dogme, par ses fausses interprétations, suffit pour mener au bouleversement de la société tout entière et au chaos; car, suivant le cas il vise à faire prévaloir le fait sur le droit, la minorité sur la majorité, en supposant toujours que la minorité a pour elle la justice;

Ils tendent à prêcher l'insurrection ,

A fausser les consciences, en flattant toutes les passions ,

A détruire toute nationalité,

A sanctifier l'assassinat politique, etc., etc.

CVIII. Ces droits existent-ils? quels sont-ils?

Quelle en est la limite?

Qui sera juge de leur violation?

Si ces droits existent, il faut les réduire le plus possible et les rendre évidents comme des axiomes; en étendre le cercle serait très-dangereux. S'il en existe, ils sont réservés dans le cœur de l'homme, par les lois divines et humaines.

Ils ne sont donc pas antérieurs et supérieurs à toutes les lois.

Ce dogme élastique a pour interprètes de nouveaux *Escobar*, des *Sanchez*, des *Valentia* aussi forts en subtilités que ces respectables docteurs.

Ces droits que vous invoquez, s'ils existent, n'existent que de par la société, et le jour où la société en demande l'abandon, il faut les abdiquer, les sacrifier courageusement à son repos : notre dévouement en sera plus beau.

Mais on parle de droits : il n'y en a plus, on les a abolis;

il n'y a plus que la force pour les uns, l'astuce et l'audace pour les autres.

CIX. Enfin, si nous voulons vivre en république, sachons nous en rendre dignes ; le gouvernement populaire le plus parfait est *celui où personne n'est au-dessus des lois ; — celui où la vertu est honorée et le vice en horreur ; — celui où la vertu seule conduit aux dignités et jamais la bassesse ; — celui où les citoyens craignent plus le blâme que la punition ; — Celui où les lois l'emportent sur les orateurs.*

Tout cela se passait, se disait il y a 2,500 ans.

Et nous nous croyons en progrès ?

CX. Soyons tous convaincus que toutes les formes de gouvernement sont possibles, et dans ces formes, toutes les variétés : mais chacune suivant le caractère, l'esprit, les mœurs, les besoins, les traditions de la nation.

La meilleure forme, au contraire, surtout la républicaine, est impraticable dans un pays où l'on a secoué toute sujétion, où l'on tient à honneur de renier sa patrie, et de fouler aux pieds ce que tous ont respecté, et où l'on est déchiré par les factions.

CXI. Quelle que soit la forme de gouvernement, plus les difficultés sont grandes,

Plus je dirai avec Montesquieu :

» *Il sera toujours beau de gouverner les hommes en les ren-*
» *dant heureux.* »

Le 25 Mars 1849.

FIN

Bordeaux.— Impr. de F. Degréteau et Cie.